LE
DIVORCE
À
L'AMIABLE

Éditeur:
LES ÉDITIONS LA PRESSE (1986)

Conception graphique:
DIANE GAGNÉ

Illustration de la couverture:
«Les jumeaux», 1987
© France Brossard 1987/VIS-ART Copyright inc.
(Cette illustration a déjà été publiée dans
le *Guide pratique d'interprétation des rêves* écrit et
édité par Daïna Drouilly.)

Photographie de l'auteure:
PIERRE McCANN

(Les Éditions La Presse [1986] sont une division de
Les Éditions La Presse, Ltée, 44, rue Saint-Antoine Ouest,
Montréal, Québec, H2Y 1J5)

Dépôt légal:
BIBLIOTHÈQUE NATIONALE DU QUÉBEC
4e trimestre 1988

ISBN 2-89043-265-3

1 2 3 4 5 6 93 92 91 90 89 88

LE
DIVORCE
À
L'AMIABLE

Zénaïde Lussier
avocate

RECHERCHISTE:
Chantal Poirier
avocate

éditions
la presse

À mon ex-mari grâce à qui
j'ai eu l'idée de ce livre.

Nota: le générique masculin est utilisé sans aucune discrimination et uniquement dans le but d'alléger le texte.

AVANT-PROPOS

Après quelques années de séparation, je me suis dit qu'il ne fallait quand même pas reproduire l'histoire du cordonnier mal chaussé. Pas question cependant de faire appel à un confrère pour divorcer et officialiser ce qui était, en fait, «réglé» entre les deux intéressés.

Signe des temps, la Loi sur le divorce était abrogée en 1985. Alors que le divorce trouvait sa source dans la faute du conjoint, la nouvelle réforme reconnaissait une cause au divorce: l'échec du mariage. Il n'était plus illégal de s'entendre pour divorcer; la demande conjointe, ou le divorce à l'amiable, était devenue possible.

Or, en préparant les quelques documents nécessaires à l'obtention de mon divorce, j'avais acquis la certitude que cette démarche était accessible aux couples vivant une relation simple et non conflictuelle. Ils pourraient régler eux-mêmes les aspects accessoires au divorce — qualifiés en ces termes dans le jargon du métier —, à savoir le partage des biens, la garde des enfants et la pension alimentaire. En créant un pont entre la loi et la procédure, les couples pouvaient divorcer, même sans l'intervention d'un avocat. Ainsi est né le projet de mettre entre les mains des personnes intéressées un outil éprouvé auprès de plusieurs couples n'ayant aucune connaissance en droit.

Le présent ouvrage va cependant plus loin que la procédure puisqu'il donne un aperçu général des points de droit soulevés par le divorce. Le lecteur bien informé sur ses droits pourra, de ce fait, conclure, par exemple, qu'un aspect de sa situation, qu'il qualifiait au départ de «simple», ne l'est peut-être pas. Divorcer est un geste important; il faut prendre le temps d'en mesurer les conséquences qui sont parfois déterminantes pour l'avenir des ex-conjoints. Il ne faut jamais laisser planer un doute ni hésiter à consulter un avocat spécialisé en droit de la famille avant de conclure une entente dont on n'est pas pleinement satisfait.

Cette mise au point étant faite, c'est avec grand plaisir que je vous servirai de guide. Et promis: je ne laisserai rien au hasard. Juré: je dirai toute la vérité, rien que la vérité.

INTRODUCTION

Divorcer coûte cher. Le simple fait de partager dans deux appartements ce qui en garnissait un seul laisse des vides dans les coins et les comptes en banque.

Les honoraires des avocats varient en fonction de leur expérience et de leur notoriété. Il est donc quasi impossible d'évaluer précisément l'économie réalisée en «faisant» son propre divorce. À titre d'exemple, l'avocat d'un couple qui bénéficie de l'aide juridique reçoit des honoraires de 700 $ pour un divorce non contesté. Il faut également noter que les comptes des avocats diffèrent — et de beaucoup — selon leur engagement dans le dossier, qui dépend, en bonne partie, de la démarche que le couple a faite avant d'entrer dans leur bureau.

Par ailleurs, si un couple marié en séparation de biens, avec un enfant, veut divorcer à l'amiable, il ne lui en coûtera que 129 $: 32 $ pour les extraits certifiés conformes des actes de naissance et le certificat de mariage, 12 $ pour une copie authentique de leur contrat de mariage; 85 $ pour le timbre judiciaire et le bureau d'enregistrement des actions en divorce. Les personnes mariées sans contrat de mariage et n'ayant pas d'enfant ne défraieront, pour leur part, que 109 $.

De plus, la démarche que je vous propose est susceptible d'intéresser ceux qui tiennent à comprendre et à contrôler ce qui leur arrive. Un avocat attirera sans doute votre attention sur les conséquences du divorce et répondra à vos questions. Cela dit, consulter un avocat est souvent stressant. Malgré les questions notées sur un feuillet que l'on sort de sa poche ou de son sac à main — comme chez le médecin —, on oublie parfois de s'informer sur des points importants pour soi.

En ayant de votre divorce une compréhension «de l'intérieur» — que seule une démarche personnelle peut procurer —, rien ne vous empêche de demander l'aide d'un professionnel si un aspect particulier de votre situation requiert un avis juridique. Encore là, vous ne dépasserez pas les limites de votre budget.

Toutefois, comme pour tous les «faites-le-vous-même», il faut y mettre du sien. On ne peut réduire le divorce — même à l'amiable — à quelques formules types. Il est indispensable de s'arrêter d'abord à certains points essentiels du droit applicable, sans pour autant en faire une analyse exhaustive.

La première partie du présent livre traite donc de la théorie. Les sujets qui y sont expliqués trouvent tous leur application dans la deuxième partie. D'autres chapitres répondant à des questions sur l'après-divorce (modification de la pension alimentaire après le jugement de divorce, etc.) complètent cette section.

Dans la seconde partie — très pratique —, vous pourrez rédiger vos procédures à partir de modèles suggérés, apprendre comment déposer vos procédures au palais de justice et vous préparer à l'audition de votre cause. Bref, vous n'écrirez pas une ligne que vous ne compreniez!

Je vous rassure tout de suite en vous disant que la procédure en divorce (Annexe I) comporte seulement trois documents: en tout, cinq pages de format 8½ po × 14 po, dont deux seulement sont dactylographiées en quasi-totalité. Ces documents ne sont pas difficiles à rédiger. Il y a cependant des règles précises à respecter qui vous seront toutes expliquées en détail, exemples à l'appui, dans la deuxième partie.

De l'intention au geste, vous trouverez que votre investissement en temps et en énergie se justifiera amplement, vous permettant à la fois d'en tirer une satisfaction personnelle et de faire des économies.

Première partie:

LA THÉORIE

Chapitre 1

SÉPARATION DE FAIT, SÉPARATION LÉGALE OU DIVORCE

Vous êtes déjà séparés de fait et avez réglé à l'amiable les modalités de votre séparation. Vous avez décidé qui de vous deux conserve l'appartement et partagé les meubles selon les goûts et les besoins de chacun. Vous vous êtes aussi entendus sur la garde de votre enfant et sur la façon dont les deux contribueront à son entretien. Qu'est-ce que cela change de faire légaliser cette situation par les tribunaux?

N'étant ni régie, ni même reconnue par la loi, **la séparation de fait** n'est valable que dans la mesure où les conjoints respectent l'entente qu'ils ont conclue. Il serait impossible à une partie d'entamer une procédure en recouvrement de pension alimentaire, puisque la séparation de fait n'octroie aucun recours légal. En fait, le seul aspect «légal» d'une telle convention se situe sur le plan fiscal (Chapitre 9).

De plus, ce type d'entente ne règle souvent que ce qui est apparent, ce qui peut amener de bien mauvaises surprises. Ainsi, les donations à cause de mort contenues dans le contrat de mariage demeurent en vigueur et pourraient être exigibles au détriment de vos enfants à qui vous auriez voulu léguer la totalité de vos biens.

Même si la **séparation légale ou séparation de corps** dispense les conjoints de faire vie commune, ceux-ci demeurent soumis à certains devoirs conjugaux. En droit, ils se doivent donc encore respect, secours et assistance. Même séparés légalement, les ex-conjoints peuvent rester liés par certaines clauses de leur contrat de mariage.

En fait, avant la réforme de 1985 de la Loi sur le divorce, on demandait une séparation plutôt qu'un divorce parce que le Code civil qui régit la séparation permettait déjà aux parties qui s'entendaient sur toutes les conséquences de leur rupture de ne pas avoir à fournir de motifs à l'appui de leur décision. On procédait donc à la séparation plutôt qu'à un divorce parce qu'on n'avait pas à invoquer — ou on ne voulait pas invoquer — les motifs prévus par ladite loi (mentionnés au Chapitre 2). Celle-ci ayant été modifiée et assouplie, les convictions religieuses et certaines situations où, par exemple, la femme veut continuer à bénéficier de donations à cause de mort peuvent encore motiver la décision de se séparer légalement.

Il ne faut pas non plus oublier que se séparer légalement, ce n'est pas se «démarier». Autrement dit, les conjoints séparés légalement ne peuvent se remarier. **Seul le divorce rompt vraiment les liens du mariage et règle tous les aspects de la rupture.**

Chapitre 2

LA LOI DE 1985 SUR LE DIVORCE*

UN PEU D'HISTOIRE

La première loi canadienne sur le divorce date de 1968. C'était la belle époque du libéralisme à la Trudeau où on osait enfin affirmer que «l'État doit sortir des chambres à coucher». Avant 1968, la personne qui désirait divorcer devait faire adopter son divorce au moyen d'un bill privé.

La loi de 1968 sur le divorce prévoyait une première catégorie de motifs basés sur la «faute» de l'un des conjoints. Le coupable se voyait donc accusé le plus souvent d'adultère. La cruauté mentale ou physique, la sodomie, la bestialité, le viol et l'homosexualité étaient également des motifs qui pouvaient être invoqués pour obtenir un divorce «contre» son conjoint. La deuxième catégorie de motifs visait les cas de «rupture» du mariage, le motif le plus utilisé étant la séparation légale ou de fait depuis une période de trois ans.

---

* S.C. 1986, c. 4.

LA LOI DE 1985 SUR LE DIVORCE: UN SYSTÈME DE «NO FAULT»

En 1985, la Loi sur le divorce a donc été modifiée pour tenir compte des changements de moeurs et de mentalités. En vertu de l'article 8 de cette loi, l'échec du mariage devenait la cause du divorce constatée selon certaines circonstances: d'abord la séparation de fait d'un an. L'adultère et la cruauté physique ou mentale «qui rendent intolérable le maintien de la cohabitation» en sont d'autres qui établissent l'échec du mariage. Par ailleurs, la loi de 1985 prévoit encore la possibilité d'obtenir un divorce «contre» un des époux.

Les opinions sont actuellement partagées en ce qui a trait à la possibilité de présenter une procédure conjointe dans les cas d'adultère et de cruauté. C'est pour cette raison que la séparation de fait d'un an est la seule option retenue dans le présent livre qui, au reste, s'adresse aux couples vivant des situations non conflictuelles.

Chapitre 3

DIVORCER... MÊME SANS ALLER DEVANT LE JUGE?

La plupart des gens que je connais (à part mes amis avocats, évidemment) sont angoissés à l'idée de comparaître devant une cour de justice. Quoi que je vous dise — et je ferai de mon mieux pour vous rassurer au chapitre sur l'audition — c'est ainsi. C'est ainsi, même si je vous donne ma parole que tous ceux qui sortent de la salle d'audience dans les cas de demandes conjointes en divorce bien préparés se disent qu'ils se sont fait du souci pour rien.

Lisez bien ce qui suit: cette épreuve vous sera peut-être épargnée!

Depuis le 17 juin 1988, la loi* permet clairement aux couples qui font une demande conjointe en divorce de faire leur preuve par écrit, ce qui leur évite de devoir la présenter devant un juge. La manière de procéder vous sera expliquée en détail dans la deuxième partie du livre.

---

* Projet de loi 4 (1988, ch. 17)

À noter cependant que les directives données aux avocats* sont à l'effet que cette façon de faire n'est ouverte qu'aux couples n'ayant pas d'enfants mineurs et vivants, et ce, malgré que le texte de loi ne soit pas explicite sur ce point. C'est sans doute le souci de protéger les intérêts des enfants qui a guidé cette ligne de conduite.

---

* Avis daté du 1er septembre 1988 de l'honorable Lawrence A. Poitras, juge en chef adjoint de la Cour supérieure du Québec, aux membres du Barreau, Chambre de la famille.

Chapitre 4

CONCILIATION ET MÉDIATION

LES EXIGENCES DE LA LOI

La Loi sur le divorce comporte une obligation pour l'avocat qui accepte de représenter un époux dans une action en divorce, «sauf contre-indication manifeste due aux circonstances de l'espèce», de discuter des possibilités de réconciliation et de fournir des renseignements sur les services de consultation ou d'orientation. Il doit de plus fournir des renseignements sur les services de médiation, susceptibles d'aider à la négociation des points pouvant faire l'objet d'une ordonnance alimentaire ou de garde. La déclaration en divorce préparée par un avocat comporte une attestation de ce dernier à l'effet qu'il a satisfait aux exigences de la loi.

La déclaration en divorce allègue que les parties:

- ont discuté des possibilités de réconciliation;
- ont obtenu des renseignements sur les services de consultation ou d'orientation;
- ont obtenu des renseignements sur les services de médiation susceptibles d'aider à la négocia-

tion des points pouvant faire l'objet d'une ordonnance alimentaire ou de garde et ont discuté de
l'opportunité de négocier ces points.

Si la loi exige que les couples soient mis au courant
des mesures qui pourraient les aider «à sauver»
leur mariage, elle ne va pas jusqu'à exiger d'eux
qu'ils se soumettent, avant de divorcer, à quelque
démarche de consultation, de conciliation ou de
médiation impliquant un tiers. Les renseignements
qui suivent vous permettront de faire la déclaration requise par la loi, tout en vous apportant des
éléments de réponse et de solution.

DISCUSSION AU SUJET
DE LA RÉCONCILIATION

Les couples qui ont déjà vécu une rupture savent à
quel point il était difficile de décider s'ils allaient
poursuivre leur relation ou y mettre fin.

Il peut être utile ou nécessaire d'avoir recours à un
tiers afin de voir clair dans votre situation. Vous
pouvez alors faire appel à un professionnel spécialisé en thérapie conjugale et familiale. Il est possible d'avoir accès à des services gratuits en vous
adressant à votre Centre de services sociaux ou au
CLSC (Centre local de services communautaires)
de votre localité. Dans le secteur privé, il est
recommandé de vous adresser à l'Association des
thérapeutes conjugaux et familiaux du Québec
(514-668-2233), à la Corporation professionnelle
des travailleurs sociaux (514-731-3925) ou à la
Corporation professionnelle des psychologues
(514-738-1881) afin d'obtenir une liste de professionnels qui oeuvrent dans les différents do-
maines.

LA MÉDIATION*

Les couples dont l'un ou l'autre des conjoints habite dans les districts judiciaires de Montréal ou de Québec peuvent avoir recours au Service de médiation à la famille, organisme chargé d'aider gratuitement les couples qui ont des enfants à négocier et à prendre des décisions sur l'autorité parentale (droits de garde, de visite et de sortie). De plus, le Service de médiation de Montréal est en mesure d'offrir des services qui englobent les responsabilités financières (pension alimentaire) et le partage des biens.

Les services d'un médiateur sont basés sur le principe que la résolution des conflits concernant les modalités de rupture relève ultimement de la responsabilité du couple. Les époux se rencontreront en présence du médiateur. Celui-ci ne joue pas le rôle d'arbitre mais veille à comprendre le point de vue de chacun et à demeurer neutre. Le médiateur intervient impartialement dans le but d'aider les conjoints à conclure des ententes équitables et satisfaisantes pour tous les membres de la famille. Il ne fait que suggérer des options aux conjoints et leur laisse le pouvoir de définir les principes qui guideront leur décision vers une entente équitable. Il est à noter que les procédures judiciaires doivent être suspendues pendant le processus de médiation. Cela ne veut pas dire l'annulation des procédures, mais plutôt l'absence

---

* Les informations relatives à la médiation, qui font l'objet de cette section, proviennent d'une publication intitulée *La médiation: une manière de s'entendre,* préparée par le Service de médiation à la famille et le CSSMM (Centre des services sociaux du Montréal métropolitain).

d'audition devant le tribunal pour des mesures provisoires ou accessoires.

Les membres du Service de médiation à la famille sont des professionnels ayant une formation en travail social ou en psychologie spécialisée en thérapie conjugale et familiale. Ils ont terminé un programme de formation en médiation familiale et connaissent les diverses lois touchant la famille. L'équipe de médiateurs est complétée par un conseiller juridique.

S'il y a accord au terme des rencontres de médiation, le couple a en main un projet d'entente qui en reprend les termes. *Le Divorce à l'amiable* peut fort bien, à ce moment-là, devenir votre livre de chevet!

Le Service de médiation est situé dans les palais de justice de Montréal et de Québec (voir Annexe IV):

À Montréal:	À Québec:
Chambre 12.91	Chambre 2.54
Tél.: (514) 393-2285	Tél.: (418) 649-3516

Le Barreau du Québec offre aussi un Service de médiation familiale où l'on peut vous suggérer de consulter un avocat qui a reçu une formation en médiation. Le coût des services varie alors selon le taux horaire de chacun.

Barreau du Québec
Service de médiation familiale
445, boul. Saint-Laurent
Montréal (Québec)
H2Y 2Y7
Tél.: (514) 878-3771

Chapitre 5

SÉPARATION DE FAIT D'UN AN

Le divorce peut être demandé par l'un des époux, ou par les deux conjointement, sans avoir à alléguer de faute si, comme le prévoit l'article 8(2)a) de la Loi sur le divorce de 1985, «les époux ont vécu séparément pendant au moins un an avant le prononcé de la décision sur l'action en divorce et vivaient séparément à la date d'introduction de l'instance».

Il n'est donc pas nécessaire que les époux aient vécu séparément pendant un an au moment de la demande de divorce. Il suffit qu'ils vivent en étant séparés au moment de l'institution des procédures. En tenant pour acquis que le jugement est prononcé le jour de la présentation de la cause devant le juge, il faut compter un an de séparation à ce moment-là.

Si la demande de divorce peut être conjointe, il n'est pas nécessaire que la séparation se soit effectuée d'un commun accord, un des époux ayant pu «abandonner» l'autre.

Afin d'encourager les époux à faire des tentatives de réconciliation, l'article 8(3)b)ii) de la loi prévoit qu'il n'y a pas interruption d'une période de vie séparée «du seul fait qu'il y a eu reprise de la cohabitation par les époux principalement dans un but de réconciliation pendant une ou plusieurs périodes totalisant au plus **quatre-vingt-dix jours**».

Il semble admis par la jurisprudence* qu'en l'absence d'une intention mutuelle de réconciliation la reprise ou le maintien des relations sexuelles n'interrompent pas la séparation. Il faut dire également que le tribunal a autorisé que, dans certaines circonstances particulières, des conjoints puissent vivre séparés même s'ils cohabitent sous un même toit. Si vous croyez que cette situation est la vôtre et que vous ne puissiez attendre un an de séparation «réelle», vous devriez faire appel aux services d'un avocat parce que cette situation nécessite une preuve particulière.

---

* Ensemble des décisions des tribunaux marquant leur interprétation d'un aspect de la loi.

Chapitre 6

ACCORD SUR LES MESURES ACCESSOIRES

L'accord sur les mesures accessoires porte sur les droits de garde et d'accès aux enfants, la pension, le partage des biens et, de façon générale, les modalités «économiques» de la rupture du mariage.

<u>UTILITÉ RECONNUE</u>

Avant la réforme de 1985, l'utilité et même la nécessité des conventions de divorce avaient été jugées non seulement permises et valides, mais souhaitables par les tribunaux. Permettez-moi de vous citer M. le juge Gagnon, de la Cour d'appel, dans l'arrêt *Ménard c. Richard,* (1974 C.A. 157):

> Je ne vois pas pourquoi deux personnes majeures, en possession de leurs facultés et pouvant disposer de leurs droits, ne pourraient pas s'entendre sur la question de la pension. Sur le plan pratique, je vois même un avantage à favoriser de telles ententes dans un domaine si fertile en litiges qui occupent une place considérable sur les rôles des tribunaux.

La Loi de 1985 reconnaît dorénavant qu'en rendant jugement le tribunal doit tenir compte de «toute entente ou arrangement au profit de l'époux ou d'un enfant».

LE RÔLE DU TRIBUNAL
DEVANT CE TYPE DE CONVENTION

Le tribunal est dispensé de scruter le bien-fondé des dispositions relatives au partage ou à la disposition des biens alors qu'il a juridiction pour approuver ou désapprouver la partie de la convention portant sur la garde des enfants et la pension alimentaire. Il est donc très important de bien distinguer les dispositions de la convention concernant les biens de celles relatives aux enfants et à la pension.

Le fait que le tribunal ait le devoir de vérifier si les dispositions portant sur ces deux derniers points sont justes et raisonnables ne signifie pas que vous aurez à subir un interrogatoire serré sur les circonstances entourant la conclusion de l'entente. Le juge exerce sa discrétion avec le souci de respecter la volonté des parties et de n'intervenir que lorsque son arbitrage est requis pour empêcher des abus contre un enfant ou contre le système.

Il est du ressort du juge d'intervenir si l'entente entre les parties ne respecte pas l'intérêt des enfants ou l'intérêt public, ou si elle est déraisonnable, illégale ou irréalisable. Ainsi, on a vu la Cour d'appel* condamner un époux à payer une pension alimentaire supérieure à celle à laquelle sa conjointe avait consenti. Les faits ayant démontré que les revenus du mari lui permettaient de

---

* Montmigny c. Bergeron, 1978 C.A. 371

verser plus que le montant exigé et qu'il existait une entente tacite entre les parties pour que les besoins de l'épouse et des enfants soient assumés au moyen de prestations d'aide sociale, les juges ont alors affirmé, de façon claire et précise, que ce n'était pas l'État qui devait assumer les consé-quences économiques du divorce.

Chapitre 7

LES ENFANTS

«L'ENFANT À CHARGE»

La définition de la Loi sur le divorce concernant l'expression «enfant à charge» (en anglais dans la loi: «Child of the marriage») comprend l'enfant de l'un des conjoints pour lequel l'autre tient lieu de père ou mère. L'enfant adopté est considéré également comme un enfant du mariage à part entière.

LES GRANDS ENFANTS: 16 ANS ET PLUS, ENFANTS MAJEURS

En principe, la Loi sur le divorce prévoit la fin de l'obligation d'assurer l'entretien des enfants quand ils atteignent 16 ans.

Elle prévoit cependant le maintien de cette obligation si les enfants ne sont pas en mesure d'assurer leurs propres besoins parce que, par exemple, ils sont toujours aux études ou se trouvent sans emploi. Le parent qui a la garde d'un enfant souffrant d'une déficience a droit à une pension alimentaire, même si ce dernier a plus de 16 ans.

Aussi, la majorité (18 ans) n'éteint pas l'obligation alimentaire des parents à l'égard d'un enfant qui, malgré son âge, n'aurait pas encore atteint son autonomie. Un jugement de divorce qui accorde une pension alimentaire pour les enfants continue de s'appliquer, même si un enfant atteint 16 ans et même sa majorité, quand le jugement est silencieux sur la question.

Il est aussi possible que les parents présentent au nom de leur enfant de plus de 16 ans ou majeur mais encore à charge une demande de pension alimentaire dans le cadre d'une procédure de divorce et, par voie de conséquence, qu'ils conviennent d'un arrangement sur les mesures accessoires accompagnant une demande conjointe.

Le droit de demander une pension alimentaire est aussi reconnu aux enfants majeurs, ces derniers pouvant l'exercer personnellement. La jurisprudence a défini les critères qui doivent guider le tribunal lors de l'octroi d'une pension à un enfant majeur. Ceux-ci, en résumé, n'encouragent ni la paresse ni le désoeuvrement.

Chapitre 8

LE DROIT DE GARDE ET LE DROIT D'ACCÈS

Le père et la mère exercent ensemble pendant le mariage l'autorité parentale dont les trois principaux attributs sont le droit et le devoir de garde, de surveillance et d'éducation.

Après le divorce, on parlera plutôt de droit de garde, notion complexe sur laquelle je reviendrai plus loin, et de droit d'accès qui est le terme utilisé par la loi et qui englobe les droits de communication, de visite, de sortie et d'hébergement. Il peut arriver aussi que le parent non gardien se voie refuser tout droit d'accès ou même soit déchu de ses droits envers son enfant parce qu'il s'est montré indigne d'exercer son autorité parentale.

Le divorce oblige les parents à s'entendre sur une répartition de leurs droits et obligations à l'égard de leur enfant — ce qu'ils n'ont peut-être pas eu l'occasion de faire pendant le mariage — à défaut de quoi c'est le tribunal qui devra décider pour eux.

L'INTÉRÊT DE L'ENFANT: CRITÈRE PRIMORDIAL

Le premier critère qui guide le tribunal appelé à trancher un litige en ce qui concerne la garde d'un enfant est l'intérêt de ce dernier*. Avec cet objectif à atteindre, d'autres critères ont été développés par les tribunaux. En voici quelques-uns:

- La stabilité de l'enfant;
- Son âge et son sexe;
- La non-séparation des enfants;
- Le choix personnel de l'enfant;
- La santé physique et mentale de l'enfant et de celui qui en aura la garde;
- L'avis de professionnels;
- L'environnement psychosocial.

La Loi de 1985 sur le divorce ajoute un nouveau critère selon lequel l'enfant doit avoir avec chacun de ses parents le plus de contact possible. À cette fin, le tribunal tient compte du fait que la personne pour qui la garde est demandée est disposée ou non à faciliter ce contact.

DROIT DE GARDE À L'UN, DROIT D'ACCÈS À L'AUTRE

Selon des chiffres de 1986**, dans 90 p. 100 des cas, la garde de l'enfant est confiée à un seul

---

* C'est pour avoir un portrait complet de la situation familiale qu'on demande aux parties, dans une cause de divorce, de révéler un facteur très important comme l'existence d'une décision du Tribunal de la jeunesse ou du Directeur de la protection de la jeunesse concernant un enfant mineur.

** Irving H. et Benjamin M., *Shared Parenting in Canada: Questions, Answers and Implications* (1986), 1 Family Law Q. 79, p. 103.

parent (le plus souvent la mère), un droit d'accès étant accordé à l'autre.

Dans tous ces cas, le parent qui voit la garde de son enfant confiée à son ex-conjoint renonce-t-il complètement à exercer toute autorité parentale?

Le jugement qui attribue la garde d'un enfant à l'un des parents ne le prive pas du droit et ne le libère pas du devoir de surveillance et d'éducation, même si l'exercice de ces droit et obligation peut être rendu difficile par l'éloignement ou la rareté des contacts.

Pour faciliter l'exercice de son droit de surveillance, la Loi de 1985 accorde au parent qui a un droit d'accès le droit de se faire donner des renseignements relatifs à la santé, à l'éducation et au bien-être de son enfant.

Quand il exerce son droit de visiter, de sortir son enfant ou de le garder temporairement chez lui, le parent non gardien prend l'initiative de la surveillance et de l'éducation.

Rien n'empêche aussi le parent non gardien de contribuer directement à l'éducation de son enfant dont il n'a pas la garde. À cet effet, la Cour d'appel a reconnu à un père, témoin de Jéhovah, le droit d'enseigner sa religion à son fils de neuf ans en autant que cet enseignement ne nuise pas au bien-être de l'enfant ni ne dénigre les convictions et le comportement de la mère qui avait la garde*.

Malgré ce qui vient d'être dit, et bien que la loi ne soit pas explicite et que les avis soient partagés sur la question, on croit généralement que c'est au parent gardien que revient la prérogative de prendre les décisions importantes relativement à

---

* Droit de la famille 353, (1987) R.J.Q. 545 (C.A.) et J.-E. n° 87-398.

l'éducation et à l'entretien de son enfant: choix de l'école, genre d'instruction, médecin, etc.

LA GARDE «CONJOINTE»

Une nouvelle répartition des rôles au sein du couple pendant le mariage, la possibilité de divorcer dans un climat harmonieux et le fait que le divorce ne stigmatise plus les ex-époux et leurs enfants ont donné naissance à une volonté d'établir un nouvel équilibre entre les droits et pouvoirs du parent gardien et ceux du parent non gardien qui veut conserver un rôle actif dans l'éducation de ses enfants.

Cette volonté, traduite dans les ententes conclues entre époux au moment du divorce, a donné naissance à une nouvelle terminologie qui est critiquée par les juges* parce que souvent mal utilisée: «garde alternée», «garde alternative», «garde partagée», «garde physique», «garde juridique», «garde légale», «garde conjointe».

Ce qui est évidemment le plus important, c'est de convenir de la façon dont on veut que l'autorité parentale s'exerce après le divorce et de le traduire clairement dans l'accord écrit qui ratifie l'entente des parties sur cet aspect fondamental. (C'est ce que les exemples de clauses qui vous seront proposés dans la deuxième partie de cet ouvrage vous aideront à faire.) Il faut donc éviter de vous en remettre à une terminologie qui ne vous est pas familière, surtout quand il règne autour d'elle beaucoup de confusion; d'où l'utilité des définitions suivantes**:

---

* MAYRAND, A., «La garde conjointe, rééquilibrage de l'autorité parentale», (1988) 67, *Revue du Barreau canadien,* p. 193.

* Les définitions sont tirées de l'article de M. le juge Mayrand.

Garde physique ou matérielle: c'est la «garde» dans son sens strict et restreint, c'est-à-dire le droit de retenir l'enfant avec soi dans son domicile, sans référence à une notion d'autorité réelle sur lui. La garde physique ne confère que l'autorité nécessaire pour subvenir aux besoins quotidiens de l'enfant.

Garde juridique ou légale: c'est le droit de prendre des décisions importantes, donc susceptibles d'avoir des répercussions sérieuses, sur l'éducation, la formation et l'orientation intellectuelle ou morale de l'enfant.

Quand on convient qu'un des parents aura la garde sans autre précision (exemple: «la demanderesse aura la garde de son enfant X»), cela signifie garde physique ET garde légale. L'autre parent a habituellement un droit d'accès (visite, sortie, hébergement). On s'est mis à faire la distinction entre les deux (garde physique, garde légale) pour faire échec à cette tendance dont je parlais précédemment à savoir que l'attribution du droit de garde d'un enfant confère au gardien le droit pratiquement exclusif d'exercer l'autorité parentale et de prendre seul les décisions concernant le bien-être et l'éducation de l'enfant.

D'autres types de garde sont nés de cette préoccupation:

Garde partagée, alternée ou alternative: garde qui cst confiée successivement à l'un et à l'autre parent pour des périodes de temps égales ou comparables. Cette expression fait surtout référence à la garde physique.

Garde conjointe: le droit et le devoir reconnus à des père et mère divorcés de prendre ensemble les décisions importantes que le soin et l'éducation de leur enfant requièrent.

On confond souvent garde partagée et garde conjointe. Il y a une nuance à faire même si, quand il y a garde partagée, il y a vraisemblablement garde conjointe. La garde physique d'un enfant peut être en effet confiée à un seul parent alors que les deux exercent ensemble une garde conjointe.

On peut donc convenir de toutes les combinaisons pourvu que l'entente soit claire entre les parties et que l'intérêt de l'enfant soit respecté:

- Garde physique à un parent;
- Droits de visite, de sortie et d'hébergement à l'autre;
- Garde conjointe.

- Garde alternée;
- Garde conjointe.

- Garde à un parent;
- Droits de visite, de sortie et d'hébergement à l'autre (celui-ci conservant son droit de surveillance et d'éducation).

Une chose est certaine: quelles que soient les modalités d'exercice du droit de garde sur lesquelles vous vous entendez, une saine gestion post divorce des relations familiales exige une bonne collaboration des parents afin d'éviter les litiges qui devront peut-être être portés devant le tribunal et qui, dans tous les cas, empoisonneront la vie des parents et des enfants.

Chapitre 9

LA PENSION ALIMENTAIRE

L'obligation alimentaire d'un époux envers l'autre ou envers leurs enfants peut se concrétiser au moment du divorce par le versement périodique d'un montant déterminé — c'est ce qu'on appelle la pension alimentaire —, ou par le versement d'une somme globale, ou par les deux: pension alimentaire et somme forfaitaire. Ceci dit, le versement d'une pension alimentaire est la seule solution retenue dans le cadre de cet ouvrage à cause des sommes importantes qui pourraient être en jeu et des questions d'ordre fiscal susceptibles d'être soulevées, points qui seront examinés plus loin dans ce chapitre.

CRITÈRE DE FIXATION DE LA PENSION

Mentionnons tout de suite que le tribunal ne doit pas tenir compte des fautes commises par l'un ou l'autre des époux pour prendre sa décision sur la pension alimentaire. Ses critères sont d'un autre ordre.

Indépendamment des modalités de la garde des enfants, chaque parent est tenu de contribuer à leurs besoins matériels en fonction de ses revenus et de sa situation financière, que ce soit le père ou la mère qui ait la garde des enfants ou qu'il s'agisse d'une garde partagée.

Ensuite, lorsqu'il s'agit d'accorder une pension alimentaire à un conjoint, l'ensemble de la situation est analysée et la décision vise à favoriser, dans la mesure du possible, l'accès de chaque époux à l'indépendance financière dans un délai raisonnable. Enfin, la durée de la cohabitation, l'âge du conjoint dépendant et ses possibilités d'intégrer ou de réintégrer le marché du travail font l'objet d'une étude.

La loi précise également d'autres objectifs auxquels doit tendre une décision relative à une pension alimentaire:

• La décision doit tenir compte des avantages ou des inconvénients économiques qui découlent du mariage ou de son échec;

• Elle doit tenter de remédier aux difficultés financières que la dissolution du mariage peut causer à l'un des époux;

• La décision doit répartir entre les ex-époux les conséquences économiques qui découlent du soin des enfants à charge.

Même si chaque cas est particulier, je vous invite à consulter un tableau résumant la jurisprudence récente sur la question (Annexe II).

La formule qui sert à établir la situation financière des parties lors de procédures visant l'établissement ou la modification d'une pension alimentaire par un tribunal est reproduite en annexe III.

UNE SOMME DÉTERMINÉE

On voit parfois dans les accords sur les mesures accessoires des dispositions relatives à l'obligation alimentaire qui ne font pas référence à une somme déterminée. Considérons, par exemple, ce cas: les dépenses nécessaires pour l'entretien, le bien-être et l'éducation des enfants Claude et Julien seront encourues par les parties, après entente, dans les proportions suivantes, à savoir xx % pour le demandeur et xx % pour la demanderesse.

Comme pour les droits de visite reposant uniquement sur l'entente du moment, je vous recommande d'éviter des clauses formulées en termes semblables, vu la difficulté d'exiger leur respect advenant une mésentente.

LA RENONCIATION À UNE PENSION ALIMENTAIRE

On ne peut renoncer à une pension alimentaire pour son enfant. Les tribunaux s'entendent pour considérer que le droit à une pension alimentaire pour un enfant est d'ordre public, principe immuable en droit contre lequel nul ne peut s'opposer.

La question n'est pas encore clairement et définitivement tranchée en ce qui a trait à la position d'un conjoint qui, lors du divorce, aurait, par exemple, renoncé à une pension alimentaire dont il n'avait pas besoin, soit parce qu'il travaillait, soit parce qu'il jugeait d'accéder à son autonomie au terme d'une période x jugée suffisante.

Les juges semblent réticents à abandonner leur juridiction à propos de cas pouvant devenir extrêmes (un ex-conjoint bénéficiaire de l'aide sociale, alors que l'autre est très bien nanti). En même temps, ils hésitent à ne pas donner son plein effet à une entente librement consentie. Chose certaine, ils étudient rigoureusement les circonstances particulières de chacun des cas avant de rendre leur décision.

Malgré l'incertitude actuelle de la jurisprudence, le tribunal considérera la demande des deux parties voulant rompre définitivement leur lien de dépendance économique et, de ce fait, renoncer à une pension alimentaire dans l'accord sur les mesures accessoires comme un facteur important dans l'étude des circonstances entourant le retour éventuel sur cette décision.

LA RÉSERVE DU DROIT DE DEMANDER UNE PENSION ALIMENTAIRE

Il peut arriver que les besoins et la capacité de payer au moment du divorce ne commandent pas de pension alimentaire sans que les parties aient pour autant l'intention de se libérer de toute obligation à cet égard. Faut-il alors réserver son droit à une pension alimentaire dans l'accord sur les mesures accessoires?

Ici la jurisprudence a suivi un laborieux cheminement, jugeant d'abord la réserve de droit indispensable et, ensuite, superflue. De toute façon, réserve ou pas, c'est le tribunal saisi d'une demande de pension qui doit déterminer, selon les circonstances, si la personne qui la demande y a droit: la réserve du droit à demander ultérieurement une

pension alimentaire est alors un élément d'interprétation des circonstances. Comme pour la renonciation, je vous recommande donc d'inclure
une réserve de droit dans votre accord sur les
mesures accessoires si vous voulez y avoir recours
éventuellement.

INDEXATION

La pension alimentaire est automatiquement indexée le 1er janvier de chaque année, selon l'indice
annuel établi conformément à la Loi sur le régime
de rentes du Québec. Il n'est donc plus nécessaire
de le faire préciser dans le jugement de divorce
puisque le Code civil a été modifié sur ce point en
1987.

Toutefois, lorsque l'application de cet indice en-
traîne une disproportion sérieuse entre les besoins
du créancier et les capacités de payer du débiteur,
le tribunal peut, selon la loi, fixer un autre indice
d'indexation ou ordonner que la créance ne soit pas
indexée.

ASPECT FISCAL

En vertu de nos lois fiscales, toute somme versée
par un contribuable au titre de pension alimentaire
est, d'une part, déductible dans le calcul de son
revenu et, d'autre part, automatiquement imposable pour son conjoint ou ex-conjoint qui en est le
bénéficiaire. C'est un élément fort important à
étudier au moment de l'établissement d'une pension alimentaire. La question qui se pose est alors
de connaître précisément le montant net de la
pension versée par le payeur et le montant net de
la pension reçue par le bénéficiaire. Voici les exi-

gences* auxquelles satisfaire pour que la somme qui est versée soit déductible et celle qui est reçue soit imposable:

1) La somme doit être versée à titre de pension alimentaire ou autre allocation;
2) La somme doit être payée en vertu d'un jugement d'un tribunal compétent ou en vertu d'un accord écrit;
3) La pension alimentaire ou allocation doit être payable périodiquement;
4) La somme doit être versée pour subvenir aux besoins du bénéficiaire, des enfants issus du mariage ou à la fois du bénéficiaire et des enfants issus du mariage;
5) Les conjoints ou ex-conjoints doivent vivre séparés en vertu d'un divorce, d'une séparation judiciaire ou d'un accord écrit de séparation;
6) Les conjoints doivent vivre séparés le jour où le paiement est effectué et durant le reste de l'année.

Chacune de ces exigences pourrait faire l'objet d'une analyse détaillée. Il s'agit d'un domaine fort complexe où les décisions des autorités fiscales et des tribunaux sont nombreuses et, parfois, en apparence contradictoires. Les exemples de clauses de pension alimentaire reproduits dans le présent livre — qui contient des situations simples — respectent les exigences qui précèdent. Les sommes prévues sont donc déductibles pour le payeur et imposables pour le bénéficiaire.

---

* Alinéas 56(1)(b) et 60(b) de la Loi de l'impôt sur le revenu (Canada, S.C. 1970-71-72 c. 63). Malgré une terminologie différente, les textes de loi contenus dans la Loi sur les impôts (Québec, L.R.Q., c. I-3) sont généralement appliqués de la même façon.

Si vous désirez connaître les incidences fiscales d'un accord sur la pension alimentaire en vertu des derniers développements législatifs et jurisprudentiels, je vous recommande fortement de requérir les services d'un spécialiste en fiscalité. Vous pourrez ainsi adapter avec lui le libellé de l'accord aux buts que vous recherchez sur le plan fiscal, surtout si vous voulez conclure un arrangement comportant les points suivants:

- Un paiement autrement qu'en argent (ex.: usage d'un appartement);
- Le paiement d'une somme globale, finale ou forfaitaire même si le paiement est échelonné en versements;
- Une somme dont l'affectation est déterminée dans l'accord (ex.: le remboursement d'une hypothèque ainsi que les taxes municipales et scolaires touchant l'immeuble hypothéqué, ou selon les besoins — voir l'exemple dans la section «Une somme déterminée», à la page 41);
- Le paiement à une personne autre que le bénéficiaire (ex.: dentiste, compagnie d'assurance, créancier hypothécaire);
- Une pension qui varie (ex.: selon les revenus du payeur ou les versements à effectuer sur un emprunt hypothécaire; selon les besoins — voir l'exemple dans la section «Une somme déterminée», à la page 41);
- Un paiement à titre de «capital» ou basé sur des critères autres que les besoins du bénéficiaire (ex.: paiements effectués en compensation des bénéfices résultant d'un contrat de mariage);
- Des paiements à être effectués, même après le décès du bénéficiaire ou du payeur;
- Des paiements qui produisent des intérêts;

- Des paiements de pension alimentaire garantis (ex.: une hypothèque);
- Le paiement de la pension alimentaire par une personne autre que le conjoint (ex.: une corporation dont il est l'actionnaire);
- Le caractère rétroactif d'un accord (ex.: les montants versés avant la date de l'accord écrit qui seront «réputés payés» et reçus en vertu de cet accord).

SERVICE DE PERCEPTION DE PENSION ALIMENTAIRE

Même si la pension est le fruit d'une entente de gré à gré, votre ex-conjoint est tenu de se conformer à l'ordonnance du tribunal qui l'a entérinée. Si jamais la perception de votre pension alimentaire devenait difficile et aléatoire, le Service de perception des pensions alimentaires du ministère de la Justice peut vous aider gratuitement à toucher votre dû. Les bureaux du percepteur sont situés dans les palais de justice (Annexe IV).

Chapitre 10

LES RÉGIMES MATRIMONIAUX*

Il existe au Québec trois types de régimes matrimoniaux. Chaque régime comporte des catégories
de biens qui subissent un mode de partage différent à la dissolution du mariage. Je n'en donne ici
que les principales caractéristiques.

---

* Le gouvernement du Québec a soumis à la consultation populaire
en juin 1988 un document intitulé «Les droits économiques des
conjoints» qui propose notamment l'instauration d'un «patrimoine
familial» constitué de la résidence familiale; des meubles affectés
à l'usage du ménage; des véhicules automobiles ainsi que des
gains accumulés par l'un des conjoints en vertu de la Loi sur le
régime des rentes du Québec ou de programmes gouvernemen-
taux équivalents. Ce patrimoine existerait indépendamment du
régime matrimonial. Une commission parlementaire s'est tenue
sur la question en octobre 1988 et la ministre déléguée à la
Condition féminine, Mme Monique Gagnon Tremblay, a annoncé
son intention de déposer un projet de loi au printemps 1989. Il est
donc impossible — et prématuré —, au moment de mettre sous
presse, de prévoir l'effet de ces éventuelles dispositions législa-
tives sur le partage des biens au moment du divorce.

LA COMMUNAUTÉ DE BIENS

Toute personne mariée au Québec sans contrat de mariage avant le 1er juillet 1970 est soumise à ce régime.

Les biens meubles (mobilier, automobile, argent comptant), peu importe le moment où ils ont été acquis, sont des **biens communs** aux deux époux, de même que les immeubles acquis après le début du régime.

Les **biens propres** à l'un ou à l'autre des époux sont composés des immeubles que possédait l'un ou l'autre conjoint avant le début du régime ou les biens dont il aurait hérité à titre de bien propre; ce qui veut dire qu'une disposition testamentaire doit prévoir que cet héritage constitue un bien propre.

Seule l'épouse peut posséder des **biens réservés**, qui sont constitués du fruit de son travail (ex.: son salaire).

LA SOCIÉTÉ D'ACQUÊTS

C'est le régime légal actuellement en vigueur. Donc, si vous vous êtes mariés au Québec après le 1er juillet 1970 — ou à cette date — sans contrat de mariage, vous êtes régis par ce régime.

Les **biens propres** sont constitués par les biens possédés avant le mariage et ceux qui ont été acquis pendant le mariage, par héritage ou par donation. Si on n'est pas en mesure de prouver qu'une possession est un bien propre, elle sera considérée comme faisant partie des acquêts de l'un des deux époux et devra être partagée au moment de la dissolution du régime.

Les **acquêts** comprennent les salaires, les revenus de placement ou de travail ainsi que les biens acquis avec ces montants. Durant la vie commune, chaque époux administre ses biens propres et ses acquêts. À la dissolution du régime, chacun conserve ses biens propres et a droit à la moitié des acquêts de l'autre — le «bilan» peut être négatif.

DISSOLUTION DE LA COMMUNAUTÉ DE BIENS ET DE LA SOCIÉTÉ D'ACQUÊTS

Vous pouvez renoncer au partage — à l'exception du mari qui ne peut renoncer au partage de la communauté de biens — ou procéder à la liquidation de la communauté ou de la société d'acquêts. Ces deux hypothèses comportent des formalités (enregistrement, nomination d'un liquidateur).

Indépendamment de la bonne entente qui règne entre vous, vous devriez recourir aux services d'un conseiller juridique si vous avez accumulé des biens importants dans le cadre d'une communauté de biens ou d'une société d'acquêts.

LA SÉPARATION DE BIENS

Ce régime doit être établi par un contrat de mariage passé devant un notaire. Chaque époux a l'administration, la jouissance et la libre disposition de tous ses biens; il est aussi le seul responsable de ses dettes.

Au moment du partage, chaque conjoint conserve la possession des biens qui lui appartiennent et dont il est en mesure de prouver la propriété. Sinon, ils sont considérés comme indivis, et leur valeur est partagée également entre les conjoints.

Les exemples de clauses du projet d'accord sur les mesures accessoires relatives à la dissolution du régime matrimonial contenus dans la deuxième partie visent uniquement l'entérinement d'un partage à l'amiable des biens dans le cas où les conjoints ont une situation financière équivalente. Il y a également un exemple de clause pour les conjoints qui ont vu à faire enregistrer une renonciation à une société d'acquêts.

Chapitre 11

LES DONATIONS

Les donations sont contenues dans le contrat de mariage. Elles se divisent en deux catégories:

• LES DONATIONS ENTRE VIFS

Comme leur nom l'indique, elles prennent effet pendant la vie de la personne qui donne. Il s'agit souvent du don à l'épouse des «meubles meublants», c'est-à-dire les effets mobiliers destinés à l'usage et à l'ornement du domicile conjugal, ou d'une somme déterminée après x années de mariage. Les donations, dépendant de la façon dont elles sont formulées, peuvent ou non être venues à échéance (si elles sont venues à échéance, elles sont automatiquement exigibles).

Un nombre grandissant de couples inscrivent, dans leur contrat de mariage, que les donations seront annulées advenant le divorce ou la séparation légale. Si vous n'avez pas prévu une telle clause et que vous voulez divorcer, le tribunal peut, selon les circonstances, annuler les donations, les diminuer ou en retarder le paiement.

Il est donc très important de lire votre contrat de mariage pour savoir quelle est la teneur des donations qui y sont mentionnées afin d'arriver à une cntcntc éclairée à ce sujet. Les exemples qui sont reproduits dans la deuxième partie s'adressent, encore une fois, aux couples qui sont arrivés à un règlement satisfaisant et qui font une déclaration à cet effet.

• LES DONATIONS À CAUSE DE MORT

Les donations qui doivent être faites au moment du décès du conjoint sont automatiquement annulées lorsqu'il y a divorce. Cela inclut la clause testamentaire «au dernier vivant les biens», contenue dans certains contrats de mariage.

LES ENFANTS

Le divorce ne prive pas les enfants des avantages qui leur seraient assurés par le contrat de mariage.

Chapitre 12

LES MEUBLES AFFECTÉS À L'USAGE DU MÉNAGE

Afin d'assurer la continuité du cadre physique et de l'environnement nécessaire à la stabilité des enfants, le tribunal peut attribuer, indépendamment du régime matrimonial et des dispositions du contrat de mariage, la propriété ou l'usage des meubles garnissant le domicile principal de la famille ou affectés à l'usage du ménage à l'ex-conjoint qui aura la garde de l'enfant, par exemple.

Les meubles sont forcément au coeur de la convention de rupture puisque tous les couples en ont. On peut donc faire une clause particulière dans la convention sur les mesures accessoires pour indiquer que le partage a été effectué de façon satisfaisante, ou que l'un des conjoints, en général celui qui a la garde des enfants, en a la propriété.

Chapitre 13

LA PRESTATION COMPENSATOIRE

La prestation compensatoire est une mesure qui permet à un conjoint ayant contribué (en biens ou en services) à enrichir le patrimoine de l'autre d'en obtenir une compensation. Elle s'applique, par exemple, lorsqu'un conjoint qui a consacré temps et énergie à un commerce appartenant à l'autre n'a jamais reçu de salaire.

La prestation compensatoire peut être payée en argent comptant, par versements, ou encore par un droit de propriété ou d'habitation de l'immeuble qui servait de domicile principal à la famille.

Toutefois, le but de la prestation compensatoire n'est pas de diviser les biens en deux ni de faire disparaître les effets du régime matrimonial, mais d'y apporter des nuances en rétablissant un certain équilibre, advenant le cas où des inégalités se seraient produites au cours du mariage. Par contre, la majorité des tribunaux considèrent que le travail domestique ne représente pas une contribution à l'enrichissement du patrimoine de l'autre qui puisse donner droit à une prestation compensatoire. Une étude récente de la jurisprudence de la Cour d'appel* tend à démontrer que le concept de la prestation compensatoire a eu, depuis son introduction dans notre droit en 1982, une portée très limitée.

Vous ne devriez pas vous engager seuls dans la rédaction d'un protocole sur les mesures accessoires prévoyant une prestation compensatoire. J'ai tenu à souligner l'existence de cette facette du droit afin que vous puissiez juger si votre situation commande un examen plus approfondi avec un avocat spécialisé en droit de la famille.

---

* P. Rayle, «La prestation compensatoire et la Cour d'appel cinq ans plus tard» dans *Revue du Barreau,* n° 48, p. 225.

Chapitre 14

MODIFICATION DE LA PENSION ALIMENTAIRE, DE LA GARDE DES ENFANTS ET DES DROITS D'ACCÈS APRÈS LE DIVORCE

Les mesures qui ont été décidées par le tribunal à la suite d'un litige ou d'un accord à l'amiable relativement à la garde des enfants, au droit de visite ou à la pension alimentaire peuvent être modifiées

- s'il survient des changements dans les besoins des enfants ou des ex-époux;
- s'il survient des changements dans la situation financière d'un des ex-époux qui, par conséquent, modifieraient sa capacité de payer la pension alimentaire;
- s'il survient un changement important dans la situation des enfants ou des ex-époux (maladie, accident).

S'il a été prévu que la pension cesserait d'être versée à une date déterminée ou lors d'un événement donné, il se peut qu'un tribunal maintienne une obligation alimentaire. Cela dit, le juge ne rendra cette décision que dans des circonstances exceptionnelles.

Chapitre 15

LE BAIL DU LOGEMENT HABITÉ PAR LA FAMILLE

Les conjoints peuvent convenir d'attribuer le bail du logement habité par la famille à l'époux qui ne l'a pas signé. L'entente doit cependant être entérinée par le tribunal pour être opposable au propriétaire-locateur; il faut donc inclure une telle disposition dans la convention sur les mesures accessoires. Le locataire est lié par cette décision dès qu'elle lui est signifiée (par courrier recommandé).

Chapitre 16

LE TESTAMENT

Après votre divorce, il y aurait lieu de revoir votre testament afin de l'adapter aux nouvelles circonstances. Les dispositions que vous aviez prévues en faveur de celui qui est devenu votre ex-conjoint ne sont pas automatiquement annulées. Peut-être voudrez-vous les modifier! Pour ce faire, consultez votre notaire. Il vous aidera à comprendre la façon dont les dispositions ont été libellées et les conséquences du divorce sur chacune d'entre elles.

Chapitre 17

LE PARTAGE PRÉVU PAR LE RÉGIME DE RENTES DU QUÉBEC

Le Régime de rentes du Québec assure une protection de base aux travailleurs et aux personnes à leur charge contre la perte de revenus pouvant résulter de la retraite, du décès ou de l'invalidité. L'ensemble des travailleurs, sans exception, doivent y contribuer.

Or, toute personne divorcée qui a cohabité avec son ex-conjoint pendant au moins 36 mois consécutifs durant le mariage peut demander la mise en commun et le partage en parts égales de leurs gains admissibles non ajustés, inscrits au Registre des gains du Régime de rentes du Québec couvrant les années où ils ont vécu ensemble. Pour la personne qui demande le partage, celui-ci donne droit éventuellement à une rente, alors qu'elle n'a pas contribué au régime, ou à une rente supérieure à celle qu'elle aurait touchée.

La séparation de fait en raison du travail n'interrompt pas la période de 36 mois de cohabitation nécessaire au partage. Soulignons ici que, dans l'établissement de cette période, l'année du mariage équivaut à 12 mois, mais les mois de l'année du divorce ne sont pas comptés.

La demande de partage doit obligatoirement être faite dans les 36 mois qui suivent la date de prise d'effet du jugement de divorce.

Il est impossible de renoncer au partage des gains admissibles aux fins du Régime de rentes du Québec.

Pour obtenir plus de détails, demandez le dépliant «Moitié-Moitié» en communiquant avec le bureau de la Régie de rentes du Québec le plus près. Vous pourrez y obtenir également la formule sur laquelle toute demande de partage doit être présentée.

Chapitre 18

LE CONJOINT BÉNÉFICIAIRE D'UNE ASSURANCE-VIE

Vous devriez revoir votre portefeuille d'assurance-vie surtout si vous avez des enfants mineurs et que vous pensiez pouvoir continuer à vous acquitter de vos obligations envers eux après votre décès par une police d'assurance dont votre conjoint était bénéficiaire.

Le divorce annule automatiquement — sans qu'il soit nécessaire de le demander ou de le prévoir — toute désignation du conjoint à titre de bénéficiaire d'assurance-vie, même si la désignation est qualifiée «d'irrévocable» dans la police d'assurance.

Deuxième partie:

LA PRATIQUE

Chapitre 19

DÉTERMINER LE LIEU OÙ SERA INTENTÉE LA PROCÉDURE

Le tribunal **de la province** où l'un des époux a demeuré habituellement pendant au moins un an avant l'introduction de la procédure a compétence pour se prononcer sur une action en divorce. Dans la province de Québec, cette compétence est attribuée à la Cour supérieure.

La province de Québec est divisée en **36 districts judiciaires**. Toute demande en matière de divorce est portée devant la Cour supérieure du district judiciaire **où l'un ou l'autre des époux réside habituellement**. La liste des districts judiciaires, comprenant l'adresse et le numéro de téléphonc des palais de justice, est reproduite en annexe IV. Vous pouvez obtenir le nom de votre district judiciaire en téléphonant au palais de justice le plus près de chez vous.

On peut choisir le district judiciaire, où doit résider un des conjoints, selon que l'attente pour avoir une date d'audition y est moins longue. Pour ce faire, demandez au Maître des rôles de la Cour supérieure de chacun des districts quel est le délai d'attente pour une demande conjointe de divorce.

Français

Chapitre 20

OBTENIR LES EXTRAITS DES REGISTRES DE L'ÉTAT CIVIL ET, S'IL Y A LIEU, UNE COPIE DU CONTRAT DE MARIAGE

LES EXTRAITS DES REGISTRES DE L'ÉTAT CIVIL

Vous devez joindre à la déclaration en divorce les **extraits certifiés conformes** des registres de l'état civil suivants*:

- Acte de naissance de l'épouse, du mari et des enfants;
- Certificat de mariage;
- Acte de décès de tout enfant qui serait mineur au moment de l'institution des procédures en divorce.

Les documents manquants peuvent être obtenus au bureau d'archives de l'état civil du district judiciaire où l'enregistrement a été déposé. Les bu-

* Il est possible de récupérer ces documents après le divorce en vous présentant aux archives du palais de justice.

reaux d'archives sont situés dans les palais de justice. Il faut donc d'abord déterminer le district judiciaire où s'est produit l'événement (naissance, mariage, etc.).

Vous pouvez commander les extraits au comptoir des bureaux d'archives de l'état civil ou par la poste. Dans les deux cas, vous devez fournir les renseignements suivants.

L'ACTE DE NAISSANCE

Nom à la naissance; prénom(s), en soulignant le plus usuel; sexe; nom du père; nom à la naissance de la mère; lieu de naissance; date de naissance: année, mois, jour; municipalité où la naissance a été enregistrée, nom de l'église, congrégation et religion.

LE CERTIFICAT DE MARIAGE

Nom et prénom(s) de l'époux; nom à la naissance de l'épouse et prénom(s); date de mariage: année, mois, jour; nom de l'église, congrégation ou palais de justice où le mariage a été célébré; religion; municipalité où le mariage a été célébré.

Des frais de 8 $ sont exigés pour chaque extrait, payables par chèque visé, mandat bancaire ou mandat-poste, fait à l'ordre du ministre des Finances, ou en argent comptant si la demande est présentée au comptoir.

Vous pouvez également obtenir les extraits désirés dans la paroisse où sont survenus les deux (ou trois) événements. Les paroisses demandent des frais qui varient selon la localité. Toutefois, ils n'excèdent pas ceux qui sont exigés par les bureaux d'archives.

La demande pour un extrait effectuée dans l'année où l'enregistrement a eu lieu (l'extrait de naissance d'un enfant né après la séparation, par exemple) doit être faite auprès de l'officier (ministre du culte, greffier de la municipalité) qui a procédé à l'enregistrement de l'événement.

Assurez-vous que le document que vous obtenez est une photocopie (ou une reproduction) **certifiée** du texte intégral de l'enregistrement; sinon, le tribunal le refusera. Commandez le format 215 mm × 355 mm. La carte plastifiée de format 6,4 cm × 9 cm, qui ne contient que les éléments essentiels, n'est pas acceptée.

Si vous avez oublié le nom de l'église où vous avez été baptisé, par exemple, ou tout autre renseignement, adressez-vous au bureau de Communication-Québec de votre région. S'il n'en existe pas, les personnes résidant au Québec peuvent sans frais composer 0 et demander Zénith Communication-Québec.

LE CONTRAT DE MARIAGE

Vous devez joindre à votre déclaration une copie authentique (pas de photocopie) de votre contrat de mariage. Vous pouvez obtenir ce document chez le notaire qui l'a rédigé. Si vous êtes incapable de le retracer, écrivez à la Chambre des notaires, 630, boul. René-Lévesque Ouest, bureau 1700, Montréal (Québec) H3B 1T6 ou composez le (514) 879-1793.

Chapitre 21

LA PRÉSENTATION DES DOCUMENTS

Il faut utiliser du papier de format «légal» (8½ po × 14 po/21½ cm × 35½ cm).
Les procédures doivent être dactylographiées.

2½ cm
|← →|

3½ cm

CANADA	COUR SUPÉRIEURE
PROVINCE DE QUÉBEC	CHAMBRE DE LA FAMILLE
DISTRICT DE MONTRÉAL	(Divorce)
Nº:	

Jeanne VWX, architecte, résidant au XXX de la rue Saint-Hubert, dans le district de Montréal, province de Québec, V1W 2X3

ET

Philippe XYZ, vendeur, résidant au XXX de la rue Sherbrooke Est, dans le district de Montréal, province de Québec, X4Y 5Z6

PARTIES DEMANDERESSES

DÉCLARATION CONJOINTE
(Art. 8, Loi de 1985 sur le divorce)

Toutes vos procédures auront le même en-tête. Cependant, vous n'indiquez l'adresse de la désignation des parties que dans la déclaration.

Chapitre 22

LA DÉCLARATION CONJOINTE EN DIVORCE

La déclaration conjointe de divorce est le corps de la procédure puisqu'on y trouve les conclusions recherchées: les parties demandent que le divorce soit prononcé et que l'accord sur les mesures accessoires prenne effet. La déclaration décrit les parties, leur situation familiale; elle allègue l'échec du mariage et établit que les parties satisfont aux exigences de la loi.

Dans le présent chapitre, je vous propose une formule type, inspirée des règles de pratique de la Cour supérieure et adaptée aux différentes situations. Quand il y a un «OU», vous choisissez la formule qui convient le mieux à votre situation.

Vous devez produire deux exemplaires* de ladite déclaration: l'original, qui peut être une photocopie, et une copie pour la cour.

---

* Il faut évidemment deux autres exemplaires pour tous les documents qui constituent la procédure afin de constituer votre dossier. Cela vaut pour les autres documents décrits aux chapitres suivants.

LE JARGON JURIDIQUE

Le dernier allégué de la déclaration (avant «PAR CES MOTIFS...») affirme qu'il n'y a pas de collusion entre les parties. Il était plus facile de saisir la portée de cette phrase sous l'ancienne loi alors qu'il était illégal de s'entendre pour divorcer. Dans le contexte de la loi de 1985, la collusion des parties viserait à perturber le processus judiciaire et à frauder le tribunal en lui présentant une situation fausse, sans que les motifs et les circonstances indispensables au divorce ne soient réunis. Il y aurait collusion, par exemple, si un couple s'entendait pour mentir sur la durée de leur séparation.

On termine habituellement la déclaration par l'expression «Le tout sans frais» qui fait référence aux frais et aux honoraires judiciaires. Dans le cas du divorce à l'amiable, ils sont de 85 $ et ont déjà été acquittés selon une entente entre les parties.

Formule →

CANADA
PROVINCE DE QUÉBEC
DISTRICT DE . . . .
N°:

COUR SUPÉRIEURE
Chambre de la famille
(Divorce)

_____

(nom) . . . .
(prénom) . . . .
(profession) . . . .
résidant au (adresse) . . . . . .
dans le district de . . . .
province de Québec,
(code postal) . . . .

ET

(nom) . . . .
(prénom) . . . .
(profession) . . . .
résidant au (adresse) . . . . . .
dans le district de . . . .
province de Québec,
(code postal) . . . .

PARTIES DEMANDERESSES

DÉCLARATION CONJOINTE
(Art. 8, Loi de 1985 sur le divorce)

IL EST DÉCLARÉ QUE:

État matrimonial et familial

1. L'épouse est née le ... à ... province de ... et est âgée de ... ans. Elle est la fille de ... et de ... tel que l'atteste l'extrait de naissance produit sous la cote P-1.

2. Le mari est né le ... à ... province de ... et est âgé de ... ans. Il est le fils de ... et de ..., tel que l'atteste l'extrait de naissance produit sous la cote P-2.

3. Le mariage des parties a été célébré le ... à (endroit) ... tel que l'atteste l'extrait de mariage produit sous la cote P-3.

4. Au moment du mariage, l'épouse était (état matrimonial) ... et le mari était ...

5. Le régime matrimonial alors adopté fut la communauté de biens.

   OU

   Le régime matrimonial alors adopté fut la société d'acquêts.

OU

Le régime matrimonial alors adopté fut la séparation de biens tel que l'atteste la copie authentique du contrat de mariage passé devant Me …, notaire, sous le numéro … produit sous la cote P-…

(À compter de maintenant les cotes ne seront plus indiquées parce qu'elles varient selon la situation des parties. L'ordre numérique est cependant à respecter.)

(Continuez la clause 5 avec ce qui suit.)

Ce régime n'a pas été modifié.

OU

Ce régime a été modifié le … Le régime matrimonial des parties est maintenant …, tel qu'il appert d'une copie authentique du jugement produit sous la cote P-…

6. Aucun enfant n'est né du mariage.

OU

Le nom, le prénom, l'âge, le sexe et la date de naissance de l'enfant né du mariage sont les suivants: (nom) … (prénom), … ans, …, de sexe …, né(e) le … à … (lieu: ville ou municipalité) …, tel que l'atteste l'extrait de naissance produit sous la cote P-…

OU

Le nom, prénom, âge, sexe et date de naissance de chacun des enfants issus du mariage sont les suivants:

(nom) … (prénom) …, … ans, de sexe … né(e) le … à (lieu) …, tel que l'atteste l'extrait de naissance produit sous la cote P-…

(nom) … (prénom) …, … ans, de sexe …, né(e) le … à (lieu) …, tel que l'atteste l'extrait de naissance produit sous la cote P-…

OU

Les parties ont, en vertu d'un jugement produit sous la cote P-…, adopté un enfant dont le nom, le prénom, l'âge et le sexe sont les suivants … … … … … … … … … … …

(Si un enfant qui serait encore mineur au moment du divorce est décédé, compléter la description après «né(e) le …» par «et décédé(e) le … à (lieu) …, tel que l'attestent l'extrait de naissance produit sous la cote P-… et l'acte de décès produit sous la cote P-…».)

(Continuez la clause 6 avec ce qui suit.)

Cet enfant n'est l'objet d'aucune décision du Tribunal de la jeunesse ni d'aucune entente avec le directeur de la protection de la jeunesse.

OU

Aucun de ces enfants n'est l'objet d'une décision du Tribunal de la jeunesse, ni d'une entente avec le directeur de la protection de la jeunesse.

OU

Il existe une décision du Tribunal de la jeunesse (ou une entente avec le directeur de la protection de la jeunesse) en ce qui a trait à l'enfant ... tel qu'il appert de la décision (ou l'entente) produite sous la cote P-...

OU

Il n'existe aucune décision en ce qui concerne l'(es) enfant(s) ... Il existe cependant une décision du Tribunal de la jeunesse (ou une entente avec le directeur de la protection de la jeunesse) en ce qui concerne l'enfant ..., tel qu'il appert de la décision (ou de l'entente) produite sous la cote P-...

Résidence

7. L'épouse réside habituellement au (n°) ... (rue) ..., (ville) ..., (province) ..., depuis (jour) ... (mois) ..., (année) ...

Le mari réside habituellement au (n°) ... (rue) ..., (ville) ..., (province) ..., depuis (jours) ... (mois) ... (année) ...

(Comme il faut établir la résidence de l'un des époux dans la province de Québec depuis au moins un an avant l'introduction des procédures, compléter s'il y a lieu par «avant cette date il (ou elle) résidait au (n°) ... (rue) ..., (ville) ..., (province) ..., depuis le ...)

Motif

8. Il y a échec du mariage pour le motif suivant:

Les époux ont vécu séparément pendant au moins un an avant le prononcé de la décision sur l'action en divorce et vivaient séparément à la date d'introduction de l'instance.

Réconciliation et médiation

9. Avant la signature de la présente déclaration:

A) Les parties ont discuté des possibilités de réconciliation et ont obtenu des renseignements sur les services de consultation ou d'orientation;

B) Les parties ont obtenu des renseignements sur les services de médiation susceptibles d'aider à la négociation des points pouvant faire l'objet d'une ordonnance alimentaire ou de garde et ont discuté de l'opportunité de négocier ces points;

(Enlever «ou de garde» si vous n'avez pas d'enfants.)

Mesures accessoires

10. Il y a un accord entre les parties sur les mesures accessoires dont un exemplaire est produit sous la cote P-...

Autres procédures

11. Il n'y a pas d'autres procédures intentées à l'égard du mariage des parties.

OU

Un jugement prononçant la séparation de corps des parties a été prononcé le ... par l'honorable juge ... de la Cour supérieure du district de ..., dans le dossier portant le numéro ... Une copie certifiée conforme de ce jugement est produite sous la cote P-...

OU

Une procédure en divorce (ou en séparation de corps) a été intentée par la codemanderesse (le codemandeur ou les codemandeurs) en Cour supérieure du district de ..., dans le dossier portant le numéro ... Un désistement a été produit le ..., tel qu'il appert d'une copie de la déclaration et de celle du désistement produites sous les cotes P-... et P-...

12. Il n'y a aucune collusion entre les parties.

PAR CES MOTIFS, plaise au Tribunal:

PRONONCER un jugement de divorce;

ENTÉRINER l'accord entre les parties sur les mesures accessoires et

ORDONNER aux parties de s'y conformer

Le tout sans frais.

Signé à (ville) ...., ce ... jour de.......... 19 ...

(signature) ....
(nom)

(signature) ....
(nom)

Chapitre 23

LES AFFIDAVITS DES PARTIES ET LE CERTIFICAT DU PROTONOTAIRE

Les parties appuient les allégués de la déclaration de leurs serments au-dessous desquels apparaît le certificat que le protonotaire de la Cour supérieure complète au moment du dépôt des procédures au palais de justice. Cette formule est jointe à la déclaration.

Les personnes habilitées à faire prêter le serment doivent occuper les fonctions suivantes: avocat, notaire, commissaire à l'assermentation (votre gérant de banque ou de caisse populaire est probablement commissaire à l'assermentation), greffier d'une cour de justice, juge de paix, maire, protonotaire, secrétaire-trésorier d'une municipalité. Ces personnes ne peuvent pas recevoir le serment de leurs parents, jusqu'au degré de cousin germain inclusivement, ni celle d'une partie qu'elles représentent.

Vous pouvez faire assermenter votre déclaration avant de vous présenter au palais de justice pour le dépôt des procédures ou attendre à ce moment pour le faire. Il est en effet facile d'y trouver une personne habilitée à recevoir votre serment. Vous devez signer votre déclaration sous serment **devant** la personne autorisée.

La formule suivante est proposée par les Règles de pratique de la Cour supérieure. Vous devez en fournir deux exemplaires.

Formule →

AFFIDAVIT

Je soussignée, (nom) ... (prénom) ..., (profession) ..., domiciliée au (adresse) ..., déclare sous serment ce qui suit:

1. Je suis une partie codemanderesse;

2. Tous les faits allégués dans la déclaration de divorce ci-avant sont vrais.

Et j'ai signé à (ville) ...., le (date) .... 19...

(signature) ....
                (nom)

Assermentée devant moi le .... 19...
à ...., province de Québec.

....
Commissaire à l'assermentation

AFFIDAVIT

Je soussigné, (nom) ... (prénom) ..., (profession) ..., domicilié au (adresse) ..., déclare sous serment ce qui suit:

1. Je suis une partie codemanderesse;

2. Tous les faits allégués dans la déclaration de divorce ci-avant sont vrais.

Et j'ai signé à (ville) ...., le (date) .... 19...

(signature) ....
                (nom)

Assermenté devant moi le .... 19...
à ...., province de Québec.

....
Commissaire à l'assermentation

CERTIFICAT DU PROTONOTAIRE

Je soussigné, protonotaire pour le district de ..., atteste qu'il y a eu réception et inscription au greffe de la déclaration en divorce et des affidavits des parties demanderesses.

(endroit) ...., ce ... jour de .... 19...

....

Chapitre 24

LA LISTE DE PIÈCES

La liste des pièces énumère chaque document produit au soutien de la déclaration conjointe de divorce: extraits certifiés conformes des registres de l'état civil et, s'il y a lieu, le contrat de mariage. Vous n'avez besoin que d'une liste de pièces.

Liste de pièces page 88

CANADA
PROVINCE DE QUÉBEC
DISTRICT DE
N°:

COUR SUPÉRIEURE
CHAMBRE DE LA FAMILLE
(Divorce)

. . . .
et

. . . .

PARTIES DEMANDERESSES

LISTE DE PIÈCES

Pièce P-1   Extrait de naissance de . . . .
Pièce P-2   Extrait de naissance de . . . .
Pièce P-3   Extrait de mariage de . . . . et de . . . .
Pièce P-   Extrait de naissance de . . . .
Pièce P-   Projet d'accord sur les mesures accessoires

(lieu). . . . . , le . . . . 19...

(signature) . . . .
         (nom)

(signature) . . . .
         (nom)

Chapitre 25

LE PROJET D'ACCORD SUR LES MESURES ACCESSOIRES

Le «projet» d'accord est soumis à l'approbation du juge et prend son plein effet avec son entérinement. Ce document règle le partage des biens, la garde des enfants et la pension alimentaire.

Je vous propose d'abord des exemples de clauses par sujet (garde des enfants, pension, etc.) et ensuite cinq modèles de projets d'accord, décrivant des situations non conflictuelles. Vous pourrez ainsi adapter les textes proposés à votre situation, puisqu'on ne peut enfermer toutes les situations, même les plus simples, dans des formules types. Vous devez fournir deux exemplaires du document, soit l'original et une copie de la cour.

Nota

1. Ne traitez que d'un sujet par clause:
   - La garde des enfants;
   - Le droit d'accès;
   - La pension alimentaire;
   - Le partage des meubles et autres effets garnissant le domicile conjugal;
   - Le régime matrimonial.

2. Évitez les clauses imprécises dont il serait impossible, advenant une mésentente, d'exiger le respect sans devoir retourner devant le juge. Ex.: les droits de visite et de sortie relativement à l'enfant mineur Jean seront établis à l'amiable entre les parties.

A) EXEMPLES DE CLAUSES PAR SUJET:

1. LE DROIT DE GARDE

- La demanderesse aura la garde de ses enfants mineurs Jean et Marie.
- Le demandeur aura la garde des enfants mineurs Jean et Marie, étant entendu que la demanderesse conserve le droit de surveiller leur entretien et leur éducation.
- La demanderesse aura la garde physique des enfants mineurs Jean et Marie. Les parties exerceront cependant une garde conjointe de leurs enfants et prendront ensemble les décisions importantes et susceptibles d'avoir des répercussions sérieuses sur leur éducation, leur formation et leur orientation intellectuelle et morale.

  (Faire suivre les trois clauses qui précèdent d'une clause sur les droits d'accès: visite, sortie et hébergement. Voir exemples de clauses qui suivent.)

- La demanderesse et le demandeur exerceront une garde physique partagée des enfants mineurs Jean et Marie selon les modalités suivantes: les enfants résideront alternativement chez leur père et mère pendant ... semaines. Les vacances et autres modalités de la garde partagée seront déterminées à l'amiable entre les parties, compte tenu des circonstances et de l'intérêt des enfants.

- La demanderesse et le demandeur exerceront une garde conjointe de leurs enfants mineurs Jean et Marie et prendront ensemble les décisions importantes et susceptibles d'avoir des répercussions sérieuses sur leur éducation, leur formation et leur orientation intellectuelle et morale.

2. LE DROIT D'ACCÈS

- Les droits de visite, de sortie et d'hébergement relatifs aux enfants mineurs Jean et Marie seront établis à l'amiable entre la demanderesse et le demandeur. À défaut d'entente, le demandeur aura le droit de sortir ses enfants Jean et Marie une fin de semaine sur deux (on peut ajouter: du vendredi 19 heures au dimanche 19 heures, après un préavis de 24 heures). De plus, il aura le droit de les amener en vacances ... semaines en été et de les recevoir chez lui ... jours consécutifs à l'époque des fêtes de fin d'année, après avoir obtenu l'accord de la demanderesse.
- Les droits de visite, de sortie et d'hébergement relatifs aux enfants mineurs Jean et Marie seront établis de la façon suivante: la demanderesse aura le droit de recevoir chez elle ses enfants une fin de semaine sur deux. Elle aura de plus le droit de les amener en vacances ... semaines en été et de les recevoir chez elle ... jours consécutifs à l'époque des fêtes de fin d'année, après entente avec le demandeur.
- Les droits de visite, de sortie et d'hébergement relatifs aux enfants mineurs Jean et Marie seront établis de la façon suivante: le demandeur aura le droit de recevoir chez lui ses enfants trois fins de semaine par mois. Il aura de plus le droit de les

amener en vacances pendant tout le mois de juillet et de les recevoir chez lui une semaine pendant le temps des fêtes de fin d'année et cinq jours à Pâques.

3. LA PENSION ALIMENTAIRE

COUPLE SANS ENFANT

- Le demandeur versera à la demanderesse une pension alimentaire de … $ par mois, payable d'avance le premier de chaque mois au domicile de la demanderesse, **pour subvenir à ses besoins et à son entretien.**
- Le demandeur paiera à la demanderesse une pension alimentaire de … $ par semaine, payable d'avance aux deux semaines par virement bancaire au compte numéro … de la banque … Cette pension alimentaire est due et exigible jusqu'au …, **pour subvenir aux besoins et à l'entretien de la demanderesse et lui permettra d'acquérir d'ici là son autonomie financière.**

COUPLE AVEC ENFANT(S)*

- Le demandeur paiera une pension alimentaire de … $ par mois, payable au moyen d'une série de chèques postdatés remise chaque année aussitôt que l'indice annuel d'indexation établi conformément à la Loi sur le Régime de rentes du Québec est rendu public. La pension est versée **pour subvenir aux besoins de la demanderesse et à ceux de ses enfants mineurs** Jean et Marie.

---

* Afin de ne pas alourdir le texte, j'ai retenu l'hypothèse suivante: l'époux paie une pension alimentaire à son ex-femme, qui a la garde des enfants.

- Le demandeur versera à la demanderesse, **pour subvenir aux besoins et à l'entretien de ses enfants mineurs Jean et Marie,** une pension alimentaire de ... $ par mois, payable d'avance le premier de chaque mois au domicile de la demanderesse.

- De plus, le demandeur versera le 1er septembre et le 1er mars de chaque année une somme de ... $, dont la demanderesse aura la libre disposition, mais qui servira plus particulièrement aux effets scolaires et à l'habillement des enfants mineurs Jean et Marie.

  (Dans le cas d'une garde physique partagée où la situation financière équivalente des deux parties permet une répartition égale des dépenses, je vous propose la clause qui suit, même si elle présente des difficultés d'exécution advenant mésentente.)

- Le demandeur et la demanderesse ayant des revenus équivalents, ils contribueront à parts égales et après entente aux dépenses nécessaires aux besoins et à l'éducation des enfants.

ENFANT MAJEUR

- Le demandeur versera à la demanderesse, **pour subvenir aux besoins et à l'entretien de son enfant mineur Jean et de son enfant majeure, Marie** jusqu'à ce que celle-ci ait complété ses études universitaires (on peut compléter avec le niveau, premier, second cycle, etc.), une pension alimentaire de ... $ par mois payable d'avance le premier de chaque mois au domicile de la demanderesse. La pension alimentaire sera réduite de moitié (du quart, du tiers, etc.) à la fin des études de Marie.

RENONCIATION

- Les parties renoncent mutuellement à tout recours relativement à une pension alimentaire.

RÉSERVE

- Les parties réservent leur recours mutuel relativement à une pension alimentaire.

4. LES MEUBLES

- Les parties se déclarent satisfaites du partage effectué à l'amiable des biens meubles et effets mobiliers garnissant le domicile conjugal et se donnent quittance complète et finale de toute réclamation à cet égard.
- La demanderesse reconnaît avoir pris possession des meubles meublants le domicile conjugal et donne quittance au demandeur de toute réclamation à cet égard. Le demandeur reconnaît qu'elle en est l'unique propriétaire.

5. LE CONTRAT DE MARIAGE

- Les parties se donnent quittance mutuelle et finale et renoncent à tout recours ayant pu ou pouvant découler de leur contrat de mariage.
  (Si le contrat de mariage contient des donations:)
- Les parties se déclarent satisfaites des donations contenues au contrat de mariage et renoncent à tout recours pouvant découler dudit contrat de mariage.

6. LA SOCIÉTÉ D'ACQUÊTS
(Couple marié sans contrat de mariage depuis le 1ᵉʳ juillet 1970)

- Les parties se déclarent satisfaites du partage de la société d'acquêts prévalant entre elles. Elles se donnent, par conséquent, quittance complète et finale de toute réclamation à cet égard.
- Les parties demandent au tribunal de prendre acte de leur renonciation mutuelle au partage de la société d'acquêts prévalant entre elles, reçue par Me ..., notaire, et enregistrée au bureau d'enregistrement du district de ... sous le numéro ...

7. LE BAIL

- Les parties demandent au tribunal que soit attribué à la demanderesse le bail du logement situé au ...

B) PROJETS D'ACCORD SELON CINQ SITUATIONS TYPES

1. COUPLE SANS ENFANT, SOCIÉTÉ D'ACQUÊTS

CANADA   COUR SUPÉRIEURE
PROVINCE DE QUÉBEC   CHAMBRE DE LA FAMILLE
DISTRICT DE ....   (Divorce)
N°:   ....

                           demanderesse

                        ....

                           demandeur

PROJET D'ACCORD SUR LES MESURES ACCESSOIRES

1. Les parties se déclarent satisfaites du partage de la société d'acquêts prévalant entre elles. Elles se donnent, par conséquent, quittance complète et finale de toute réclamation à cet effet.

2. Les parties se déclarent satisfaites du partage effectué à l'amiable des biens meubles et effets mobiliers garnissant le domicile conjugal et se donnent quittance complète et finale de toute réclamation à cet égard.

3. Les parties renoncent mutuellement à tout recours relativement à une pension alimentaire.

Le tout sans frais.

Les parties ont signé à ...... ce ... jour de ...... 19 ...

....　　　　.....................
   (demandeur)   (demanderesse)

2. COUPLE SANS ENFANT, SÉPARATION DE BIENS

CANADA   COUR SUPÉRIEURE
PROVINCE DE QUÉBEC   CHAMBRE DE LA FAMILLE
DISTRICT DE . . . .   (Divorce)
Nᵒ:
                                          . . . .
                                                      demanderesse

                                          . . . .
                                                      demandeur

PROJET D'ACCORD SUR LES MESURES ACCESSOIRES

1. Les parties se déclarent satisfaites des donations conte-nues au contrat de mariage et se donnent quittance complète et finale en ce qui a trait à tout recours pouvant découler dudit contrat de mariage.

2. Les parties se déclarent satisfaites du partage effectué à l'amiable des biens meubles et effets mobiliers garnissant le domicile conjugal et se donnent quittance complète et finale de toute réclamation à cet égard.

3. Les parties renoncent mutuellement à tout recours relati-vement à une pension alimentaire.

Le tout sans frais.

Les parties ont signé à . . . . . . ce ... jour de . . . . . . 19 ...

. . . .
        (demandeur)   (demanderesse)

3. COUPLE AVEC DEUX ENFANTS GARDE PARTAGÉE, PENSION ALIMENTAIRE, SÉPARATION DE BIENS

CANADA
PROVINCE DE QUÉBEC
DISTRICT DE . . . .
Nº:

COUR SUPÉRIEURE
CHAMBRE DE LA FAMILLE
(Divorce)

. . . .
demanderesse

. . . .
demandeur

PROJET D'ACCORD SUR LES MESURES ACCESSOIRES

1. La demanderesse et le demandeur exerceront une garde physique partagée des enfants mineurs Jean et Marie selon les modalités suivantes: les enfants résideront alternativement chez leur père et mère pendant … semaines. Les vacances et les autres modalités de la garde partagée seront déterminées à l'amiable entre les parties, compte tenu des circonstances et de l'intérêt des enfants.

2. La demanderesse et le demandeur exerceront une garde conjointe de leurs enfants mineurs Jean et Marie et prendront donc ensemble les décisions importantes et susceptibles d'avoir des répercussions sérieuses sur leur éducation, leur formation et leur orientation intellectuelle et morale.

3. Le demandeur versera à la demanderesse pour subvenir aux besoins et à l'entretien de ses enfants mineurs Jean et Marie une pension alimentaire de … $ par mois, payable d'avance le premier de chaque mois au domicile de la demanderesse.

4. Les parties renoncent mutuellement pour elles-mêmes à tout recours relativement à une pension alimentaire.

5. Les parties se déclarent satisfaites du partage effectué à l'amiable des biens meubles et effets mobiliers garnissant le domicile conjugal et se donnent quittance complète et finale de toute réclamation à cet égard.

6. Les parties se déclarent satisfaites des donations contenues au contrat de mariage et renoncent à tout recours pouvant découler dudit contrat de mariage.

Le tout sans frais.

Les parties ont signé à . . . . . . ce . . . jour de . . . . . . 19 . . .

. . . .
(demandeur)   (demanderesse)

4. COUPLE AVEC DEUX ENFANTS GARDE AU PÈRE, DROIT D'ACCÈS À LA MÈRE, SOCIÉTÉ D'ACQUÊTS, PENSION ALIMENTAIRE

CANADA
PROVINCE DE QUÉBEC
DISTRICT DE . . . .
N°:

COUR SUPÉRIEURE
CHAMBRE DE LA FAMILLE
(Divorce)

. . . .
demanderesse

. . . .
demandeur

PROJET D'ACCORD SUR LES MESURES ACCESSOIRES

1. Le demandeur aura la garde de ses enfants mineurs Jean et Marie, étant entendu que la demanderesse conserve le droit de surveiller leur entretien et leur éducation.

2. Les droits de visite et de sortie relatifs aux enfants Jean et Marie seront établis de la façon suivante: la demanderesse aura le droit de les recevoir chez elle une fin de semaine sur deux. Elle aura de plus le droit de les amener en vacances trois semaines en été et une semaine en hiver à l'époque des fêtes de fin d'année.

3. La demanderesse versera au demandeur pour subvenir aux besoins et à l'entretien de ses enfants mineurs Jean et Marie une pension alimentaire de ... $ par mois, payable d'avance le premier de chaque mois au domicile du demandeur.

4. De plus, la demanderesse versera le 1er septembre et le 1er mars de chaque année une somme de ... $ dont le demandeur aura la libre disposition, mais qui servira plus particulièrement aux effets scolaires et à l'habillement des enfants mineurs Jean et Marie.

5. Les parties renoncent mutuellement pour elles-mêmes à tout recours relativement à une pension alimentaire.

6. Le demandeur reconnaît avoir pris possession des meubles meublants du domicile conjugal et la demanderesse reconnaît qu'il en est l'unique propriétaire.

7. Les parties se déclarent satisfaites du partage de la société d'acquêts prévalant entre elles. Elles se donnent, par conséquent, quittance complète et finale de toute réclamation à cet égard.

Le tout sans frais.

Les parties ont signé à......, ce ... jour de...... 19 ...

. . . .
(demandeur)   (demanderesse)

5. COUPLE AVEC DEUX ENFANTS, GARDE PHYSIQUE À LA MÈRE, GARDE CONJOINTE, DROIT D'ACCÈS AU PÈRE, PENSION ALIMENTAIRE, SÉPARATION DE BIENS

CANADA   COUR SUPÉRIEURE
PROVINCE DE QUÉBEC   CHAMBRE DE LA FAMILLE
DISTRICT DE . . . .   (Divorce)
N°:
                                       . . . .
                                       demanderesse
                                       . . . .
                                       demandeur

PROJET D'ACCORD SUR LES MESURES ACCESSOIRES

1. La demanderesse aura la garde physique des enfants mineurs Jean et Marie.

2. Les parties exerceront cependant une garde conjointe de leurs enfants et prendront ensemble les décisions importantes et susceptibles d'avoir des répercussions sérieuses sur leur éducation, leur formation et leur orientation intellectuelle et morale.

3. Les droits de visite, de sortie et d'hébergement relatifs aux enfants mineurs Jean et Marie seront établis de la façon suivante: le demandeur aura le droit de recevoir chez lui ses enfants trois fins de semaine par mois. Il aura de plus le droit de les amener en vacances pendant tout le mois de juillet et de les recevoir chez lui une semaine pendant le temps des fêtes de fin d'année et cinq jours à Pâques.

4. Le demandeur versera à la demanderesse, pour subvenir aux besoins et à l'entretien de ses enfants mineurs Jean et Marie, une pension alimentaire de ... $ par mois payable d'avance le premier de chaque mois au domicile de la demanderesse.

5. Les parties renoncent mutuellement pour elles-mêmes à tout recours relativement à une pension alimentaire.

6. Les parties se déclarent satisfaites du partage effectué à l'amiable des biens meubles et effets mobiliers garnissant le domicile conjugal et se donnent quittance complète et finale de toute réclamation à cet égard.

7. Les parties se déclarent satisfaites des donations contenues au contrat de mariage et renoncent à tout recours pouvant découler dudit contrat de mariage.

Le tout sans frais.

Les parties ont signé à . . . . . . ce ... jour de . . . . . . 19 ...

. . . .
        (demandeur)   (demanderesse)

Chapitre 26

PREUVE PAR AFFIDAVITS

EN L'ABSENCE D'ENFANTS MINEURS

Il s'agit de présenter au juge une preuve écrite au moyen de deux affidavits circonstanciés ou détaillés, signés par les deux parties devant une personne autorisée à recevoir leur serment.

Je vous en propose un exemple, à la page 105, qui reprend les éléments importants de la déclaration et anticipe les questions que le juge est susceptible de poser pour s'acquitter des obligations que lui impose la Loi sur le divorce. Cet exemple décrit une situation où les deux parties sont autonomes financièrement.

Si une pension alimentaire est prévue à votre entente sur les mesures accessoires, ajoutez le plus d'éléments possible; cela permettra au juge de déterminer si la pension est juste et suffisante, compte tenu de la situation des deux parties:

- salaires, revenus et actifs des deux parties;
- dettes;
- fonctions de chacun pendant le mariage;

- autres éléments pertinents par rapport à votre situation.

Vous devez fournir un exemplaire de chacun des deux affidavits (les deux parties en signant un).

Nota 1. Cette procédure, d'application récente au moment de mettre sous presse, est en vigueur dans le district de Montréal. Si vous devez intenter votre procédure dans un autre district judiciaire, il serait plus prudent de vous informer au palais de justice (bureau du maître des rôles de la Cour supérieure) si la preuve par affidavits circonstanciés y est appliquée en matière de demande conjointe en divorce.

2. Même si vous n'avez pas d'enfants mineurs, vous n'êtes pas obligés de procéder à une preuve par affidavits.

3. Le juge conserve un pouvoir discrétionnaire d'entendre les parties. Ceci étant dit pour vous éviter toute surprise, je pense qu'il vaut vraiment la peine de vous prévaloir de cette nouvelle procédure, qui a d'excellentes chances d'atteindre son but: vous éviter les désagréments de comparaître en cour.

4. Rappelez-vous que le document qui suit est une déclaration assermentée. Assurez-vous que vous êtes entièrement d'accord avec son libellé et ajustez les termes, au besoin, pour les faire correspondre à votre situation.

CANADA
PROVINCE DE QUÉBEC
DISTRICT DE . . . .
N°:

COUR SUPÉRIEURE
CHAMBRE DE LA FAMILLE
(Divorce)

. . . .
demanderesse

. . . .
demandeur

AFFIDAVIT CIRCONSTANCIÉ

Je soussignée (nom) ... (prénom) ... (profession) ..., domiciliée au (adresse) ... déclare sous serment ce qui suit:

1. Je suis la demanderesse conjointe en la présente instance.

2. Je suis née le (jour, mois, année) ... à ... province de ...

3. J'ai épousé le demandeur conjoint, (nom) ... (prénom) ... le ...

4. Aucun enfant n'est né de mon mariage au demandeur conjoint.

OU

Un enfant est né de mon mariage au demandeur conjoint: (nom) ... (prénom) ..., né(e) le ... Cet enfant est majeur.

OU

Deux (trois, quatre) enfants sont nés de mon mariage au demandeur conjoint: (nom, prénom, date de naissance de chacun). Ces enfants sont actuellement tous majeurs.

5. Je ne vis plus avec le demandeur conjoint depuis le ...

(Soyez le plus précis possible puisque la séparation d'au moins un an est un élément fondamental dans la procédure. Si vous ne vous rappelez pas la date exacte, précisez le mois et l'année.)

6. Je n'ai jamais repris la vie commune avec le demandeur conjoint depuis ma séparation de fait.

OU

Depuis que je suis séparée de fait du demandeur conjoint, j'ai repris, dans un but de réconciliation, la cohabitation avec ce dernier pour une période totalisant moins de quatre-vingt-dix jours, soit du ... au ... Cette tentative de réconciliation a été un échec.

OU

Depuis que je suis séparée de fait du demandeur conjoint, j'ai repris, dans un but de réconciliation, la cohabitation avec ce dernier pour des périodes totalisant moins de quatre-vingt-dix jours soit du ... au ... et du ... au ... Ces tentatives de réconciliation ont été des échecs.

7. Une entente à l'amiable est intervenue entre les parties en ce qui a trait au partage des meubles et des autres effets mobiliers garnissant le domicile conjugal, et aux modalités de dissolution du régime matrimonial. Un projet d'accord sur les mesures accessoires faisant état de mon entente avec le demandeur conjoint est produit avec la déclaration conjointe. J'ai signé ce document qui représente fidèlement mon accord librement consenti.

8. Je suis en mesure de subvenir à mes propres besoins comme c'est le cas pour le demandeur conjoint; c'est pourquoi le projet d'accord ne fait référence à aucune pension alimentaire.

9. Il n'y a aucune collusion entre le demandeur conjoint et moi-même relativement à notre demande conjointe en divorce.

10. Tous les faits allégués dans le présent affidavit sont vrais.

ET J'AI SIGNÉ, à........................ , le ... 19 ...

. . . .
(nom)

Assermentée devant moi

à.................... province de Québec

. . . .
Commissaire à l'assermentation

(Préparez un autre affidavit au genre masculin pour le demandeur.)

Chapitre 27

LES ENDOS

FABRICATION

L'endos est une feuille de papier qui permet de plier les procédures de façon que l'on puisse les identifier facilement (nom des parties, titre de la procédure), sans qu'il soit nécessaire de les consulter.

Les endos font partie de la papeterie des études d'avocats. Vous fabriquerez les vôtres en suivant les indications dc l'illustration n° 1 (page 110). Vous en faites ensuite trois copies [cinq si vous faites une preuve par affidavits], plus autant de copies que vous avez de pièces (faites-en deux pour le projet d'accord).

Exemple: Couple un enfant, société d'acquêts

TROIS copies de l'endos (deux pour la déclaration, une pour la liste de pièces)

PLUS

Autant de copies qu'il y a de pièces, c'est-à-dire SIX (extrait de naissance de Madame, extrait de naissance de Monsieur, extrait de mariage, extrait de naissance de l'enfant et deux copies pour le projet sur les mesures accessoires).

En tout, NEUF copies de l'endos.

INSCRIPTIONS

Chaque endos doit ensuite être complété par une inscription décrivant ladite procédure dans l'espace réservé à cet effet.

Ces inscriptions sont les suivantes:

POUR LA DÉCLARATION

«Original* de la déclaration conjointe de divorce»

«Copie pour la cour de la déclaration conjointe de divorce»

POUR LA LISTE DE PIÈCES

«Original de la liste de pièces»

POUR LES PIÈCES

Exemples:
«Original Pièce P-1
Extrait de naissance de J. VWX»

«Original Pièce P-..
Extrait de mariage»

«Original Pièce P-..
Contrat de mariage»

---

* Comme le document sur lequel apparaissent les affidavits des parties et le certificat du protonotaire est joint à la déclaration, il n'est pas nécessaire de préparer d'endos.

POUR LE PROJET D'ACCORD

«Original Pièce P-..
Projet d'accord sur les mesures accessoires»
«Copie pour la cour Pièce P-..
Projet d'accord sur les mesures accessoires»

POUR LES AFFIDAVITS CIRCONSTANCIÉS

«Affidavit circonstancié de la demanderesse conjointe»
«Affidavit circonstancié du demandeur conjoint»

FAÇON DE BROCHER ET DE PLIER LES ENDOS ET LES PROCÉDURES

La façon de brocher les endos aux procédures et de plier le tout est expliquée à l'illustration n° 2 (page 110). Vous brochez un endos à chacun des documents que vous déposez au palais de justice, l'envers de la procédure et l'envers de l'endos, l'un contre l'autre. Vous pliez le tout d'abord sur la ligne du centre de l'endos, puis, le long de l'autre ligne qui est située au quart de la page.

Voir illustrations page 110

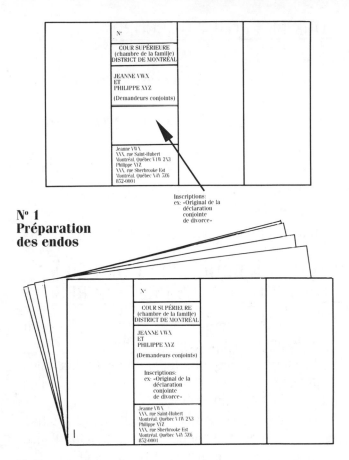

Inscriptions:
ex: «Original de la
déclaration
conjointe
de divorce»

N° 1
Préparation
des endos

N° 2
Façon de brocher
et plier
les procédures

Chapitre 28

LE DÉPÔT DES PROCÉDURES AU PALAIS DE JUSTICE

Si un seul des conjoints peut se présenter au palais de justice pour y déposer les procédures, assurez-vous que le conjoint absent a déjà signé son (ou ses) affidavit(s) devant une personne autorisée à recevoir son serment.

Vous devez alors apporter, en plus de vos procédures:

• un chèque visé de 75 $ à l'ordre du ministre des Finances du Québec, ou cette somme en argent comptant;

• un chèque de 10 $ à l'ordre du Receveur général du Canada pour le bureau d'enregistrement des actions en divorces.

Même si le palais de justice est un endroit qui vous est probablement peu familier, les indications qui suivent sont amplement suffisantes pour vous permettre de vous acquitter de votre mission. Allez-y par étapes.

LES ÉTAPES SONT AU NOMBRE DE TROIS:

Premièrement, vous vous présentez aux caisses* pour y faire timbrer la déclaration. C'est le timbre judiciaire qui vous coûte 75 $.

Deuxièmement, vous allez à l'émission des brefs. C'est à cette étape que le certificat du protonotaire est signé et qu'un numéro de dossier est octroyé à votre procédure. Prenez-le en note; il sera utile si vous devez, pour quelque raison que ce soit, communiquer avec le palais de justice au sujet de votre cause. C'est à cette étape que vous remettez le chèque de 10 $ au préposé qui conserve l'original de la déclaration et du projet d'accord.

Troisièmement, vous vous présentez au bureau du maître des rôles de la Cour supérieure et y déposez la copie pour la cour de la déclaration et la copie pour la cour du projet d'accord, la liste de pièces et les pièces, et, si vous faites une preuve par affidavits, les affidavits circonstanciés.

SI VOUS NE FAITES PAS DE PREUVE PAR AFFIDAVITS

Vous obtenez alors la date et le numéro de la salle du palais de justice où aura lieu l'audition de votre divorce **où vous devez être présents tous les deux.**

---

* Je ne peux quand même pas résister à l'envie de vous donner un tuyau au sujet du palais de justice de Montréal, que je connais bien, et où il peut sembler difficile de se retrouver: les caisses sont situées au premier étage (entrée de la rue Saint-Antoine), au poste 1.130.

Préparez-vous à l'idée de passer rapidement. Les rôles (c'est ainsi que l'on nomme la liste de toutes les causes à être entendues) pour les divorces en déclaration conjointe sont en général peu encombrés.

Vous recevrez par la poste un Avis d'audition confirmant la date et le lieu de l'audition qui vous ont été donnés par le maître des rôles.

Il est très important que vous vous présentiez tous les deux à l'heure et à la date fixées, à défaut de quoi votre cause sera rayée du rôle. Si, à cause d'un empêchement majeur, il vous est impossible d'y être, communiquez immédiatement avec le maître des rôles.

SI VOUS FAITES UNE PREUVE PAR AFFIDAVITS

Vous recevrez un **avis de présentation**. Malgré le titre de cet avis, vous n'avez pas à vous présenter au moment et au lieu qui y apparaissent. C'est en fait le moment où votre dossier sera examiné par un juge qui rendra alors son jugement. Compte tenu de ce qui a été dit au sujet du pouvoir du juge d'exercer sa discrétion d'entendre les parties, il est possible (quoique improbable) que vous receviez, après l'avis de présentation, un **avis d'audition**. Vous devrez alors vous présenter en cour tous les deux à l'heure et au lieu qui y sont indiqués.

Chapitre 29

L'AUDITION DE LA CAUSE ET LE JUGEMENT DE DIVORCE

Le jour «D» est arrivé. Vous êtes un peu nerveux et c'est normal. Pour la majorité d'entre vous, c'est la première fois — et la dernière — que vous allez en cour. Rassurez-vous en pensant que l'audition de votre cause aura lieu à huis clos. Vous serez seuls avec le juge et quelques officiers de la justice. Et dire qu'il fut un temps, pas si lointain, où la seule consolation des couples qui divorçaient «en public» consistait à se retrouver dans une salle remplie de gens dans la même situation qu'eux. Mais surtout, dites-vous que vous êtes bien préparés pour affronter la situation.

AVANT

Prévoyez une journée d'absence de votre travail. L'audition de votre cause ne dure que quelques minutes, mais comme le rôle en compte plusieurs et que vous ne connaissez pas le rang de la vôtre, il est prudent de vous octroyer une bonne marge de manoeuvre. Il est possible également que les auditions se poursuivent en après-midi.

Apportez votre dossier complet, y compris l'avis d'audition où apparaît le numéro de la salle d'audience. Épargnez vos ncrfs un peu tendus en vous donnant rendez-vous au moins 30 minutes avant l'heure, les palais de justice étant des lieux inconnus et leurs ascenseurs souvent encombrés aux heures de pointe.

Les portes de la salle d'audience s'ouvrent en général quelques minutes avant l'heure indiquée sur votre convocation — qui est la même pour tous les couples qui divorcent. Le tableau nº 3 représente une salle d'audience. Vous pouvez entrer pour vérifier quel est le rang de votre cause sur le rôle. C'est le greffier qui vous donne ce renseignement, à moins qu'il ne vous demande de vérifier vous-mêmes sur la liste des causes au rôle. Vous lui dites que vous êtes prêts à procéder — ce qui veut dire que vous êtes arrivés tous les deux —, et vous sortez de la salle.

Ensuite, vous attendez, dans le corridor, que «l'huissier audiencier» vous appelle. Il faut compter environ 15 minutes par cause.

Et si votre conjoint est, selon sa bonne habitude, en retard? On peut remettre l'audition de votre cause jusqu'à ce que le retardataire arrive. Prévenez l'huissier aussitôt que vous êtes prêts.

PENDANT

Votre cause est appelée. Vous vous dirigez à l'avant de la salle vers le juge. Vous vous tenez côte à côte à l'endroit indiqué de deux «X» sur l'illustration (nº 3) de la page 117. Le greffier vous assermente après vous avoir demandé de vous identifier.

Le juge lit alors les procédures. Chaque juge est libre de mener l'audition comme il l'entend. Il y a cependant des constantes qui permettent de décrire ce à quoi pourrait ressembler l'audition de votre cause. La durée de la séparation étant un élément fondamental, le juge vous demandera probablement de confirmer depuis combien de temps vous vivez séparés de fait. Ayez soin de noter sur le haut de votre dossier le moment (la date exacte si cela est possible) de votre séparation, au cas où l'énervement vous ferait l'oublier. Il posera également quelques questions sur la garde des enfants et la pension alimentaire pour vérifier si les principes — dont il est question aux chapitres 8 et 9 — ont été respectés. Le juge vous demande ensuite d'identifier le projet d'accord sur les mesures accessoires et de confirmer que son contenu correspond toujours à vos intentions. Après quoi, il rend son jugement, qui prendra effet le trente et unième jour suivant.

n° 3

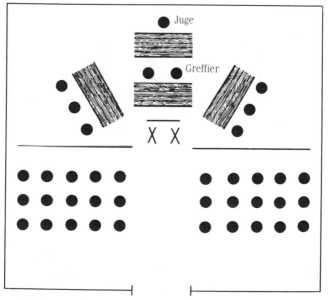

ÉPILOGUE

Vous voilà au bout de vos peines et moi au terme de mon voyage avec vous au pays du divorce. Dommage, on finit par s'attacher...

Vous recevrez par le courrier, votre jugement de divorce (page 120), et un certificat de divorce (page 121), attestant que votre mariage a été dissous. C'est le certificat que vous utiliserez si vous voulez entreprendre des démarches en vue d'un remariage.

Mais pour l'instant, faites-vous plaisir: jetez ce livre qui ne vous sera plus d'aucune utilité!

Formules page: 120-121

CANADA
PROVINCE DE QUÉBEC
DISTRICT DE MONTRÉAL
N°:

COUR SUPÉRIEURE
CHAMBRE DE LA FAMILLE
(Divorce)

Le .... 19 ...

PRÉSIDENT:
L'HONORABLE JUGE

....

....

et

....

PARTIES DEMANDERESSES

JUGEMENT DE DIVORCE

VU la demande en divorce;

VU la preuve faite et les pièces versées au dossier;

CONSIDÉRANT que la demande est fondée;

PAR CES MOTIFS:

LE TRIBUNAL PRONONCE un jugement de divorce entre les parties dont le mariage a été célébré le ... 19 ..., qui prendra effet le trente et unième jour suivant la date du présent jugement;

ENTÉRINE le projet d'accord signé par les parties le ... 19 ...; lequel projet d'accord se lit comme suit: (l'accord sur les mesures accessoires est joint au jugement) ...;

ORDONNE aux parties de s'y conformer.

Le tout sans frais.

....

JUGE
ou PROTONOTAIRE

CANADA
PROVINCE DE QUÉBEC
DISTRICT DE …
N°:

COUR SUPÉRIEURE
CHAMBRE DE LA FAMILLE
(Divorce)

. . . .

et

. . . .

PARTIES DEMANDERESSES

CERTIFICAT DE DIVORCE

J'atteste que le mariage de … et … célébré à … le … 19 …, a été dissous par jugement qui a pris effet le …

Délivré à . . . . , le . . . . 19 …

. . . .

PROTONOTAIRE

PROCÉDURE COMPLÈTE DE DIVORCE PAR DEMANDE CONJOINTE

LES TROIS DOCUMENTS CONSTITUANT LA PROCÉDURE

1. D'abord la **déclaration** conjointe de divorce. C'est le plus long des trois documents: il compte deux pages. La déclaration est cependant établie à partir du modèle suggéré par la loi, ou d'une manière plus précise, par les Règles de pratique de la Cour supérieure. Elle est appuyée par les **affidavits des parties** et complétée par le **certificat du protonotaire**.

2. Il y a aussi une **liste de pièces** qui ne fait qu'énumérer les documents (extraits de naissance, de mariage) que vous devez joindre à votre déclaration.

3. Et enfin, l'entente que vous concluez sur les modalités de rupture de votre mariage (partage des biens, fin du régime matrimonial, pension alimentaire, garde des enfants). C'est l'**accord**

sur les mesures accessoires. Il n'y a pas de modèle préétabli pour cet accord. Je vous proposerai donc des exemples de clauses que cet accord doit couvrir, regroupés par sujet, puis des exemples d'accords établis à partir de situations susceptibles de se présenter.

Une image valant... combien de mots déjà? Jetez donc un coup d'oeil sur la procédure en divorce qui suit. Elle vous familiarisera avec le sens et le but de la démarche et vous rassurera sans doute sur la difficulté de l'exercice.

La situation choisie est celle d'un couple marié en société d'acquêts ayant un enfant dont la garde est confiée à la mère. (D'autres situations seront couvertes par les exemples donnés dans la seconde partie.)

CANADA
PROVINCE DE QUÉBEC
DISTRICT DE MONTRÉAL
N°:

COUR SUPÉRIEURE
CHAMBRE DE LA FAMILLE
(Divorce)

Jeanne VWX, architecte,
résidant au XXX de la rue
Saint-Hubert, dans le
district de Montréal, province
de Québec, V1W 2X3

ET

Philippe XYZ, vendeur,
résidant au XXX de la rue
Sherbrooke Est,
dans le district de Montréal,
province de Québec, X4Y 5Z6

PARTIES DEMANDERESSES

DÉCLARATION CONJOINTE
(Art. 8, Loi de 1985 sur le divorce)

IL EST DÉCLARÉ QUE:

État matrimonial et familial

1. L'épouse est née le 3 juillet 1948 à Sherrington, province de Québec, et est âgée de 40 ans. Elle est la fille de Réal VWX et de Jeannine HTS, tel que l'atteste l'extrait de naissance produit sous la cote P-1.

2. Le mari est né le 1er juin 1946 à Saint-Jean-sur-Richelieu, province de Québec, et est âgé de 38 ans. Il est le fils de Charles XYZ et de Lola RPM, tel que l'atteste l'extrait de naissance produit sous la cote P-2.

3. Le mariage des parties a été célébré le 30 novembre 1979 au Palais de justice de Montréal, tel que l'atteste l'extrait de mariage produit sous la cote P-3.

4. Au moment du mariage, l'épouse était célibataire et le mari était divorcé.

5. Le régime matrimonial alors adopté fut la société d'acquêts.

   Ce régime n'a pas été modifié.

6. Le nom, le prénom, l'âge, le sexe et la date de naissance de l'enfant né du mariage sont les suivants: Jean VWX-XYZ, 8 ans, de sexe masculin, né le 25 avril 1980, à Montréal, tel que l'atteste l'extrait de naissance produit sous la cote P-4.

   Cet enfant n'est l'objet d'aucune décision du Tribunal de la jeunesse ni d'aucune entente avec le directeur de la protection de la jeunesse.

Résidence

7. L'épouse réside habituellement au XXX de la rue Saint-Hubert, à Montréal, province de Québec, depuis le 1er février 1986.

   Le mari réside habituellement au XXX de la rue Sherbrooke Est, à Montréal, depuis le 1er novembre 1979.

Motif

8. Il y a échec du mariage pour le motif suivant:

   Les époux ont vécu séparément pendant au moins un an avant le prononcé de la décision sur l'action en divorce et vivaient séparément à la date d'introduction de l'instance.

Réconciliation et médiation

9. Avant la signature de la présente déclaration:

   A) Les parties ont discuté des possibilités de réconciliation et ont obtenu des renseignements sur les services de consultation ou d'orientation;

   B) Les parties ont obtenu des renseignements sur les services de médiation susceptibles d'aider à la négociation des points pouvant faire l'objet d'une ordonnance alimentaire ou de garde et ont discuté de l'opportunité de négocier ces points.

Mesures accessoires

10. Il y a un accord entre les parties sur les mesures accessoires dont un exemplaire est produit sous la cote P-5.

Autres procédures

11. Il n'y a pas d'autres procédures intentées à l'égard du mariage des parties.

12. Il n'y a aucune collusion entre les parties.

PAR CES MOTIFS, plaise au Tribunal:

PRONONCER un jugement de divorce;

ENTÉRINER l'accord entre les parties sur les mesures accessoires;

ORDONNER aux parties de s'y conformer.

Le tout sans frais.

Signé à Montréal, ce 15e jour de juin 1988.

. . . .
Jeanne VWX

. . . .
Philippe XYZ

AFFIDAVIT

Je soussignée, Jeanne VWX, architecte, domiciliée au XXX de la rue Saint-Hubert à Montréal, province de Québec, déclare sous serment ce qui suit:

1. Je suis une partie codemanderesse;
2. Tous les faits allégués dans la déclaration de divorce ci-avant sont vrais.

Et j'ai signé, à Montréal, le ... juin 1988.

(signature) . . . .
          Jeanne VWX

Assermentée devant moi le ... juin 1988 à Montréal, province de Québec.

. . . .
Commissaire à l'assermentation

AFFIDAVIT

Je soussigné, Philippe XYZ, vendeur, domicilié au XXX de la rue Sherbrooke Est, Montréal, province de Québec, déclare sous serment ce qui suit:

1. Je suis une partie codemanderesse;
2. Tous les faits allégués dans la déclaration de divorce ci-avant sont vrais.

Et j'ai signé, à Montréal, le ... juin 1988.

(signature) . . . .
          Philippe XYZ

Assermenté devant moi le ... juin 1988 à Montréal, province de Québec.

. . . .
Commissaire à l'assermentation

CERTIFICAT DU PROTONOTAIRE

Je soussigné, protonotaire pour le district de Montréal atteste qu'il y a eu réception et inscription au greffe de la déclaration en divorce et des affidavits des parties demanderesses.

Montréal, ce ... jour de . . . . 1988.

. . . .

CANADA   COUR SUPÉRIEURE
PROVINCE DE QUÉBEC   CHAMBRE DE LA FAMILLE
DISTRICT DE MONTRÉAL   (Divorce)
Nº:

                          Jeanne VWX
                          et
                          Philippe XYZ
                          PARTIES DEMANDERESSES

LISTE DE PIÈCES

Pièce P-1   Extrait de naissance de Jeanne VWX.

Pièce P-2   Extrait de naissance de Philippe XYZ.

Pièce P-3   Extrait de mariage de Jeanne VWX et de Philippe XYZ.

Pièce P-4   Extrait de naissance de Jean VWX-XYZ.

Pièce P-5   Projet d'accord sur les mesures accessoires.

Montréal, le 15 juin 1988.

(signature) . . . .
          Jeanne VWX

(signature) . . . .
          Philippe XYZ

CANADA
PROVINCE DE QUÉBEC
DISTRICT DE MONTRÉAL
Nº:

COUR SUPÉRIEURE
CHAMBRE DE LA FAMILLE
(Divorce)

....

Jeanne VWX

et

Philippe XYZ

PARTIES DEMANDERESSES

PROJET D'ACCORD SUR LES MESURES ACCESSOIRES

1- La demanderesse aura la garde de son enfant mineur Jean.

2- Les droits de visite, de sortie et d'hébergement relatifs à l'enfant mineur Jean seront établis de la façon suivante: le demandeur aura le droit de recevoir chez lui son enfant une fin de semaine sur deux. Il aura de plus le droit de l'amener en vacances deux semaines en été et de le recevoir chez lui cinq jours consécutifs à l'époque des fêtes de fin d'année, après entente avec la demanderesse.

3- Le demandeur versera à la demanderesse, pour subvenir aux besoins et à l'entretien de Jean, une pension alimentaire de ... $ par mois, payable d'avance le premier de chaque mois au domicile de la demanderesse.

4- Les parties se déclarent satisfaites du partage effectué à l'amiable des biens meubles et des effets mobiliers garnissant le domicile conjugal et se donnent quittance complète et finale de toute réclamation à cet égard.

5- Les parties se déclarent satisfaites du partage de la société d'acquêts prévalant entre elles. Elles se donnent en conséquence quittance complète et finale de toute réclamation à cet égard.

Le tout sans frais.

Les parties ont signé, à Montréal, ce 15e jour de juin 1988.

(signature) ....
      Jeanne VWX

(signature) ....
      Philippe XYZ

DÉCISIONS DES TRIBUNAUX EN MATIÈRE DE PENSION ALIMENTAIRE

Voir tableaux

Durée vie commune ou âge ou les deux	Enfants mineurs	Revenus/Actifs Madame[a]	Revenus/Actifs Monsieur[a]	Pension accordée	Référence
Vie commune: 16 ans	2 enfants	aucun revenu aucun actif	revenus: 43 728 $ actifs: 70 000 $	100 $/semaine[b] 10 000 $/donations	[1986] R.D.F. 78
Vie commune: 20 ans	aucun	revenus: aucun actifs: 82 103 $	revenus: 118 540 $ actifs: 588 404 $	225 $/semaine 75 000 $/prestation compensatoire	[1986] R.D.F. 91
Vie commune: 37 ans	aucun	revenus: 6 960 $ actifs: 53 809 $	revenus: 152 419 $ actifs: 450 000 $	1 000 $/mois 100 000 $/prestation compensatoire	[1986] R.D.F. 109
Vie commune: 28 ans	aucun	revenus: bien-être social actifs: aucun	revenus: 18 356 $ actifs: 25 000 $	35 $/semaine	[1986] R.D.F. 213
Vie commune: 18 ans	1 enfant mineur 1 enfant majeur habitant avec Madame	aucun revenu actifs: 16 600 $	revenus: 29 224 $ actifs: 120 538 $	1 200 $/mois[c] droit d'habitation accordé	[1986] R.D.F. 226

a. Colonnes des «revenus/actifs»: il s'agit des revenus bruts, sauf de très rares exceptions. Si aucun actif n'est inscrit, c'est qu'il n'y en a pas ou peu ou que le juge n'en a pas tenu compte ou les deux. Les actifs sont déduits des passifs.

Vie commune: 12 ans	1 enfant	revenus: 12 380 $ actifs: 11 000 $	revenus: 46 280 $ actifs: 40 000 $	860 $/mois 4 000 $/somme forfaitaire alimentaire	[1986] R.D.F. 237
Vie commune: 16 ans	2 enfants	revenus: aucun actifs: 15 000 $	revenus: 35 000 $ actifs: 87 000 $	105 $/semaine 8 500 $/prestation compensatoire droit d'habitation à Madame et frais y afférents payés par Monsieur	[1986] R.D.F. 247
Vie commune: 20 ans	1 enfant	aucun revenu aucun actif	revenus: 31 188 $ actifs: 790 000 $	190 $/semaine[b] 11 000 $/donations 25 000 $/somme globale	[1986] R.D.F. 253
Vie commune: 21 ans	aucun	aucun revenu aucun actif	revenus: 44 343 $ actifs: 175 000 $	250 $/semaine 20 000 $/somme globale 50 000 $/prestation compensatoire	[1986] R.D.F. 380

b. La garde a été accordée au père.

c. Cette somme sera réduite de 400 $/mois pour la durée du droit d'usage du domicile familial.

1986 (suite)

Durée vie commune ou âge ou les deux	Enfants mineurs	Revenus/Actifs Madame[a]	Revenus/Actifs Monsieur[a]	Pension accordée	Référence
Vie commune: 6 ans	aucun	revenus: 19 000 $	revenus: 86 000 $	57 250 $ en versements de 750 $ aux 2 semaines 3 000 $/prestation compensatoire	[1986] R.D.F. 474
Vie commune: 27 ans	aucun	revenus: 18 300 $	revenus: 66 325 $ actifs: 128 719 $	100 $/semaine 6 000 $/prestation compensatoire	[1986] R.D.F. 479
Vie commune: 20 ans	2 enfants 1 enfant majeur habitant avec Madame	revenus: 4 700 $ actifs: 65 000 $	revenus: 180 460 $ actifs: 960 000 $	3 600 $/mois 75 000 $/somme globale droit d'habitation octroyé à Madame	[1986] R.D.F. 483
Vie commune: 11 ans	2 enfants	revenus: 12 480 $	revenus: 39 730 $ actifs: 103 000 $	200 $/semaine 15 000 $/somme globale	[1986] R.D.F. 557

| Vie commune: 6 ans | 1 enfant | aucun revenu | revenus: 100 000 $ | 1 750 $/mois
20 000 $/prestation
compensatoire | [1986] R.D.F. 569 |
| Vie commune: 18 ans | 2 enfants | revenus: 16 900 $
actifs: 4 000 $ | revenus: 36 000 $
actifs: 69 000 $ | 500 $/2 semaines
2 000 $/somme
globale
droit d'usage de la
maison à Madame | [1986] R.D.F. 674 |

Durée vie commune ou âge ou les deux	Enfants mineurs	Revenus/Actifs[a] Madame	Revenus/Actifs[a] Monsieur	Pension accordée	Référence
Vie commune: 15 ans	aucun	revenus: aucun actifs: 11 500 $	revenus: 38 614 $ actifs: 150 000 $	150 $/semaine 45 759 $/prestation compensatoire[d]	[1987] R.D.F. 5
Vie commune: 17 ans	2 enfants	revenus: aucun actifs: 18 000 $	revenus: 50 200 $ actifs: 1 500 000 $	400 $/semaine 125 000 $/somme globale[e] droit d'habitation à Madame et frais y afférents à Monsieur	[1987] R.D.F. 66
Vie commune: 6 ans	1 enfant	revenus: 21 113 $	revenus: 24 000 $ (environ)	75 $/semaine 2 500 $/prestation compensatoire	[1987] R.D.F. 76
Vie commune: 5 ans	1 enfant	aucun revenu	revenus: 100 000 $	100 $/semaine	[1987] R.D.F. 117

d. Une somme de 40 759 $ proviennent d'un gain à la loterie.

e. 25 000 $ pour Madame et les enfants. 100 000 $ pour Madame.

Vie commune: 9 ans	2 enfants	revenus: 26 000 $ actifs: 83 000 $	revenus: 19 000 $ actifs: 72 300 $	25 000 $/somme globale	[1987] R.D.F. 123
Vie commune: 18 ans	1 enfant mineur 1 enfant majeur aux études	revenus: 22 080 $	revenus: 27 900 $ actifs: 80 000 $	300 $/mois à l'enfant mineur 2 500 $/somme globale à l'enfant majeur 40 000 $/prestation compensatoire	[1987] R.D.F. 353
Vie commune: 16 ans	1 enfant	revenus: 18 018 $	revenus: environ 50 000 $	1 500 $/mois 5 500 $/somme globale	[1987] R.D.F. 356
Vie commune: 20 ans	aucun	revenus: 20 865 $	revenus: 58 486 $	1 000 $/mois durant 36 mois	[1987] R.D.F. 464
Vie commune: 5 ans	aucun	revenus: 6 000 $ actifs: 130 000 $	revenus: 58 440 $ actifs: 1 190 000 $	50 000 $/somme globale	[1987] R.D.F. 469

1988

Durée vie commune ou âge ou les deux	Enfants mineurs	Revenus/Actifs[a] Madame	Revenus/Actifs[a] Monsieur	Pension accordée	Référence
Vie commune: 21 ans	aucun	revenus: aucun actifs: 100 000 $	revenus: aucun actifs: 1 000 000 $	250 $/semaine pendant 1 an + droit d'usage du domicile 85 000 $/somme globale	[1988] R.J.Q.I. 653

FORMULE POUR ÉTABLIR LA SITUATION FINANCIÈRE DES PARTIES
(Règles de pratique — Cour supérieure, Matière familiale)

REVENUS POUR L'ANNÉE COURANTE

(Inscrire le montant brut; les déductions doivent apparaître à la page 140)

Catégorie	Par semaine	Par mois	Par année
Salaire			
Commissions			
Allocations familiales			
Assurance-chômage			
Pension			
Dividendes ou intérêts			
Loyers			
Autres (spécifier)			
Total			

a)

Total par semaine _____ $ × 4,33 = b) _____ $ par mois

Total par année _____ $ ÷ 12 = c) _____ $ par mois

Revenu mensuel total (a + b + c)   =   _____ $

DÉPENSES COURANTES ET ANTICIPÉES

(Pour calculer le montant mensuel exact, diviser une dépense annuelle par 12 ou multiplier une dépense hebdomadaire par 4,33)

— **Dépenses courantes** = non un budget suggéré mais des dépenses réelles.
— **Dépenses anticipées** = dépenses à prévoir, lorsque différent des dépenses courantes.

Catégorie	Courantes/mois	Anticipées/mois
Régime des rentes du Québec		
Assurance-chômage		
Fonds de pension		
Impôt provincial		
Impôt fédéral		
Assurance-groupe et syndicat		
Loyer		
Hypothèque		
Charges communes (condominium)		
Taxes municipales et scolaires		
Taxe d'eau		
Assurance-habitation		
Électricité		
Chauffage		
Câblovision		
Téléphone		

Catégorie	Courantes/mois	Anticipées/mois
Réparations et entretien		
Achat de meubles et literie		
Nourriture et épicerie		
Repas à l'extérieur		
Buanderie et nettoyage		
Médicaments et articles de toilette		
Soins dentaires		
Lunettes		
Taxis et Transports publics		
Vêtements		
Automobile — paiements		
— assurances		
— permis et immatriculation		
— essence		
— entretien		
— stationnement		
Assurance-vie		
Divertissements, sports et équipement		
Coiffure et esthétique		
Cadeaux, livres, revues, journaux, disques		
Cigarettes et/ou spiritueux		
Frais de scolarité		
Garderie		
Vacances		
Argent de poche des enfants		

Catégorie	Courantes/mois	Anticipées/mois
Dons de charité		
Autres:		
Paiement de dettes (spécifier) a)		
b)		
c)		
Dépenses d'affaires		
Résidence secondaire		
Total mensuel	$	$

SOMMAIRE

Total des revenus mensuels (page 1) _____ $

(moins)
Total des dépenses courantes/mois _____ $

Surplus/Déficit _____ $

Total des dépenses anticipées _____ $

(moins)
Total des revenus mensuels _____ $

Différence _____ $

ACTIF

Indiquer la valeur marchande de vos biens, sans tenir compte des dettes qui y sont rattachées, et par catégories: immeubles, meubles meublants, automobiles, oeuvres d'art, bijoux, argent comptant, comptes de banque ou autres institutions financières, actions, obligations, intérêts dans un commerce, régime d'épargne-retraite, etc.

Catégorie	Détails	Valeur

Total des actifs _____ $

PASSIF

Indiquer le montant des dettes en capital ainsi que les garanties collatérales, par catégories: hypothèques, emprunts bancaires ou personnels, compagnies de finance, cartes de crédit ou de grands magasins, etc.

Catégorie	Détails	Valeur

Total du passif _____ $

Total des actifs: _____ $

(moins)
Total du passif: _____ $

Valeur nette: _____ $

LISTE DES DISTRICTS JUDICIAIRES

ADRESSE ET NUMÉRO DE TÉLÉPHONE DES PALAIS DE JUSTICE

ABITIBI
891, 3ᵉ Rue Ouest
AMOS
J9T 2T4
Tél.: (819) 732-6577

ALMA
725, rue Harvey Ouest
ALMA
G8B 1P5
Tél.: (418) 668-3344

ARTHABASKA
800, boul. Bois-Francs Sud
ARTHABASKA
G6P 5W5
Tél.: (819) 357-2054

BAIE-COMEAU
71, rue Mance
BAIE-COMEAU
G4Z 1N2
Tél.: (418) 296-5534

BEAUCE
795, av. du Palais
SAINT-JOSEPH-DE-BEAUCE
G0S 2V0
Tél.: (418) 397-5251

BEAUHARNOIS
180, rue Salaberry
VALLEYFIELD
J6T 2J2
Tél.: (514) 373-3244

BEDFORD
920, rue Principale
COWANSVILLE
J2K 1K2
Tél.: (514) 263-3520

BONAVENTURE
87, rue Principale
NEW-CARLISLE
G0C 1Z0
Tél.: (418) 752-3376

CHARLEVOIX
30, chemin de la Vallée
LA MALBAIE
G0T 1J0
Tél.: (418) 665-3991

CHICOUTIMI
227, rue Racine Est
CHICOUTIMI
G7H 5C5
Tél.: (418) 696-9926

DRUMMOND
1680, boul. Saint-Joseph
DRUMMONDVILLE
J2C 2G3
Tél.: (819) 478-2513

FRONTENAC
693, rue Saint-Alphonse Ouest
THETFORD-MINES
G6G 5T6
Tél.: (418) 338-2118

GASPÉ
124, route 132
PERCÉ
G0C 2L0
Tél.: (418) 782-2077

HULL
17, rue Laurier
HULL
J8X 4C1
Tél.: (819) 771-5538

IBERVILLE
109, rue Saint-Charles
SAINT-JEAN-SUR-RICHELIEU
J3B 2C2
Tél.: (514) 347-3715

JOLIETTE
450, rue Saint-Louis
JOLIETTE
J6E 2Y9
Tél.: (514) 756-0544

KAMOURASKA
33, rue de la Cour

RIVIÈRE-DU-LOUP
G5R 1J1
Tél.: (418) 862-3579

LABELLE
645, rue de la Madone
MONT-LAURIER
J9L 1T1
Tél.: (819) 623-2333

LAVAL
1750, boul. de la Concorde
LAVAL
H7G 2E7
Tél.: (514) 663-7123

LONGUEUIL
1111, boul. Jacques-Cartier Est
LONGUEUIL
J4M 2J6
Tél.: (514) 646-4023

MÉGANTIC
5227, rue Frontenac
LAC-MÉGANTIC
G6B 1H6
Tél.: (819) 583-1268

MINGAN
425, boul. Laure
SEPT-ÎLES
G4R 1X6
Tél.: (418) 962-3044

MONTMAGNY
25, rue du Palais de justice
MONTMAGNY
G5V 1P6
Tél.: (418) 248-0909

MONTRÉAL
1, rue Notre-Dame Est
MONTRÉAL
H2Y 1B6
Tél.: (514) 393-2721

PONTIAC
27, rue John
CAMPBELL'S BAY
J0X 1K0
Tél.: (819) 648-5577

QUÉBEC
300, boul. Jean-Lesage
QUÉBEC
G1K 8K6
Tél.: (418) 649-3400

RICHELIEU
46, rue Charlotte
SOREL
J3P 6N5
Tél.: (514) 742-2786

RIMOUSKI
183, rue de la Cathédrale
RIMOUSKI
G5L 5J1
Tél.: (418) 722-3531

ROBERVAL
750, boul. Saint-Joseph
ROBERVAL
G8H 2L5
Tél.: (819) 764-6709

ROUYN-NORANDA
2, avenue du Palais
ROUYN-NORANDA
J9X 2N9
Tél.: (819) 764-6709

SAINT-FRANÇOIS
375, rue King Ouest
SHERBROOKE
J1H 6B9
Tél.: (819) 822-6910

SAINT-HYACINTHE
1550, rue Dessaulles
J2S 2S8
Tél.: (514) 773-8471

SAINT-MAURICE
290, rue Saint-Joseph
LA TUQUE
G9X 1K6
Tél.: (819) 523-9533

TÉMISCAMINGUE
8, rue Saint-Gabriel Nord
J0Z 3W0
Tél.: (819) 629-2773

TERREBONNE
400, rue Laviolette
SAINT-JÉRÔME
J7Y 2T6
Tél.: (514) 438-0661

TROIS-RIVIÈRES
250, rue Laviolette
TROIS-RIVIÈRES
G9A 1T9
Tél.: (819) 372-4150

BIBLIOGRAPHIE

MONOGRAPHIES

Boislair, C., *Les Droits et les besoins de l'enfant en matière de garde: réalité ou apparence?*, Sherbrooke, Publication de la *Revue de droit de l'Université de Sherbrooke*, 1978.

Castelli, M. D., *Précis du droit de la famille*, Québec, Les Presses de l'Université Laval, 1987.

Gariépy, G. et Marcoux, P., *Les Pensions alimentaires*, Montréal, Éditions Yvon Blais inc., 1986.

Ouellette, M., *Droit de la famille*, Montréal, Thémis, 1984.

Pineau, J., *La Famille*, Montréal, Les Presses de l'Université de Montréal, 1982.

Pineau, J. et Burman, D., *Effets du mariage et régimes matrimoniaux*, Montréal, Éditions Thémis, 1984.

Sénécal, J.-P., *Séparation, divorce et procédures après la réforme du droit de la famille*, Montréal, Wilson & Lafleur/Sorel, 1983.

Publications juridiques spécialisées, *Droit de la famille*, Farnham, Éditions FM, 1985.

Barreau du Québec, *Formation professionnelle —
Droit civil,* Montréal, Éditions Yvon Blais inc.,
1987.

ARTICLES DE REVUE

CHARRON, C., «Chroniques: le divorce et la donation
à cause de mort», (1986) *Revue du Barreau* 473.

COMTOIS, R., «Jurisprudence: le divorce ne rend pas
caduques toutes les donations à cause de mort
stipulées au contrat de mariage», (1985-86) 88
Revue du Notariat 447.

IRVING, H. et BENJAMIN, M., «Shared Parenting in
Canada: Questions, Answers and Implications»
(1986), *Family Law Quarterly,* 79.

KELADA, H., «Quelques aspects de la nouvelle loi
sur le divorce», (1986) *Recueil de droit de la
famille,* 697.

LAFORTUNE, F., «La médiation en matière matrimo-
niale», (1986) *Cours de perfectionnement du
Notariat,* 133.

LAMONTAGNE, D.-C. «Jurisprudence: La prestation
compensatoire: les conditions d'application»,
(1984-85) 87 *Revue du Notariat,* 507.

MAIDMENT, S., «Child Custody and Divorce: The Law
in Social Context», (1986) 32 *McGill Law Jour-
nal,* 349.

MAYRAND, A., «La garde conjointe, rééquilibrage de
l'autorité parentale», (1988) 67 *Revue du Barreau canadien,* 193.

MURRAY, A., «La médiation familiale: une progres-
sion rapide», (1986) *Recueil de droit de la famille,* 311.

PAYNE, J. D. et SHIPTON-MITCHELL, C., «Child maintenance under the Divorce Act», (1984) 15 *Revue générale de droit* 77.

PILON, S., «Du droit de l'enfant majeur à recevoir des aliments», (1986) *Recueil de droit de la famille,* 155.

RAYLE, P., «La prestation compensatoire et la Cour d'appel cinq ans plus tard», (1988) *Revue du Barreau,* 225.

RUFFO, A., «Chroniques — L'enfant: son droit à une famille», (1983) 43 *Revue du Barreau,* 70.

TABLE DES MATIÈRES

La photocomposition de cet ouvrage
a été faite par Caractéra inc.

*Lithographié au Canada
sur les presses de
Métropole Litho Inc.*